AF351597

Virginie VINCENT

SURMONTEZ LES OBSTACLES ET ÉCRIVEZ ENFIN VOTRE ROMAN !

Autoédition

Prom'Auteur, coll. Conseils d'écriture

© Virginie VINCENT, 2020

Couverture : Virginie VINCENT

ISBN : 979-1097550240

https://www.prom-auteur.com

TABLE DES MATIÈRES

PRÉAMBULE...**9**
   1. La persévérance...10
   2. La volonté..10
   3. La discipline..10
   4. La régularité...11

DIX CONSEILS POUR COMMENCER............................**13**
   1. Peaufinez votre idée.................................14
   2. Planifiez...15
   3. Prenez rendez-vous avec vous même.......15
   4. Sachez dire non...16
   5. Ne revenez pas sur vos pas......................18
   6. Ne vous dispersez pas..............................20
   7. Personnalisez votre environnement..........21
   8. Lisez...23
   9. Rendez des comptes..................................23
   10. Ne vous comparez pas............................24
   Bonus. Faites-vous plaisir !..........................25

COMMENT COMMENCER.......................................**27**
   Par quoi débuter ?...27
   Passer de la préparation à la rédaction.......29
   Quel *incipit* choisir ?..................................34

LE SYNDROME DU MILIEU....................................**39**
   Qu'est-ce, concrètement ?.............................39
   Comment y remédier ?..................................41

LES SEPT OBSTACLES QUI VOUS EMPÊCHENT D'ARRIVER AU BOUT DE VOTRE ROMAN.......................................**47**
   1. Le perfectionnisme..................................47
   2. Le syndrome de l'objet brillant................50
   3. La peur de l'imperfection du récit...........52
   4. La peur de finir...54
   5. L'incapacité à couper le cordon...............55

6. Ne pas savoir où l'on va ou ne pas savoir quand s'arrêter........56
7. Les corrections........57

LA PAGE BLANCHE........**59**
Le manque d'inspiration........60
Le trop-plein d'inspiration........67
La lassitude........69
Le changement d'idée........71
Le problème scénaristique non identifié........73
Quelques conseils de plus........74

LE TEMPS........**79**
1. Faites de l'écriture une priorité........79
2. Planifiez votre temps........80
3. Soyez régulier ou régulière........81
4. Se créer une routine........82
5. Le Temps, ami et ennemi........83

LÉGITIMITÉ, IMPOSTURE ET DOUTES........**85**
Légitimité et imposture........86
Doutes........93

LES AUTRES BLOCAGES........**101**
Qu'est-ce qu'un blocage ?........101
Les différents blocages........102
10 conseils pour surmonter ces blocages........105

CONCLUSION........**111**

À PROPOS DE L'AUTRICE........**113**

DE LA MÊME AUTRICE........**115**

Préambule

L'écriture d'un livre n'est pas toujours une chose facile à aborder, surtout si c'est votre premier roman.

En tant que conseillère en écriture créative, j'ai voulu rédiger un ouvrage qui regrouperait tous les conseils que j'ai déjà pu donner par le passé, ainsi que ceux que j'ai reçus quand je me suis lancée dans l'écriture, il y a plus de vingt ans.

Je partage également ma propre expérience en tant qu'écrivaine, en vous racontant comment j'ai surmonté les obstacles et les difficultés pour parvenir au bout de plusieurs projets et avoir fait de l'écriture mon métier à plein temps.

Ce livre n'est toutefois pas un manuel empirique de réussite ni une garantie de succès. Il n'est là que pour vous donner de la motivation, des pistes de réflexion et des idées de marches à suivre pour parvenir à votre but. Le plus gros du travail vous reviendra. Ici, je ne suis qu'un guide qui vous ouvre la voie, à vous de parcourir le reste du chemin jusqu'à votre réussite.

Aussi, avant de rentrer dans le vif du sujet, j'aimerais rappeler quatre qualités fondamentales indispensables pour mener à bien n'importe quel projet, qu'il s'agisse d'un roman ou pas.

1. La persévérance

Écrire, c'est difficile. Si vous ne vous accrochez pas un minimum, vous n'arriverez jamais à boucler le moindre écrit.

2. La volonté

Demandez-vous de quoi vous avez réellement envie. L'écriture requiert de savoir faire des choix, et parfois même des sacrifices. Avez-vous vraiment la volonté de diminuer les réseaux sociaux et Netflix pour gagner une heure d'écriture le weekend ? Êtes-vous prêt-e à faire une croix sur cette soirée improvisée avec vos amis pour enfin boucler ce chapitre sur lequel vous trimez ?

3. La discipline

N'attendez pas que l'inspiration arrive d'elle-même frapper à votre porte pour vous mettre au clavier. L'inspiration est une gymnastique mentale qui se travaille et s'entretient au risque de la perdre. Il est donc primordial de se forcer un peu, même les jours où l'on ne se sent pas plus motivé·e que ça. Si l'appétit vient en mangeant, il en va de même pour l'écriture : l'inspiration vient en écrivant.

En outre, il n'y a pas de *mauvaise session*, même si vous n'écrivez que 100 mots, ce sont toujours 100 mots qui vous rapprochent de la fin.

4. La régularité

Il est clair qu'il n'est pas possible pour tout le monde d'écrire tous les jours (*moi-même je n'écris que cinq jours par semaine*), mais ne pas se mettre au clavier tous les jours n'empêche pas d'être régulier ou régulière. Il ne faut pas confondre fréquence et régularité : écrire une heure tous les samedis, c'est être régulier/régulière.

La régularité participe à parfaire notre gymnastique mentale et donc à rendre nos sessions plus efficaces.

DIX CONSEILS POUR COMMENCER

Je pense que commencer ce livre par les dix conseils élémentaires est une bonne idée. En effet, rappeler les bases est le meilleur moyen d'éviter les blocages ou de les surmonter.

Ces conseils-là ne sont ni révolutionnaires ni inédits. Ils sont basiques, mais néanmoins fondamentaux, et m'ont été donnés par d'autres. Pendant longtemps, je ne les ai pas appliqués, croyant être différente, et même au-dessus de ça. Toutefois, mon arrogance de débutante se pensant révolutionnaire et plus maligne que tout le monde s'est rapidement pris quantité d'échecs en pleine figure. J'ai dû me rendre à l'évidence : ces conseils d'écrivains et écrivaines expérimentées n'étaient peut-être pas si bêtes que ça, après tout.

Et, bizarrement, dès que j'ai commencé à tous les appliquer, tout a beaucoup mieux fonctionné ! Ils sont efficaces et sages et c'est pour cela que je vous les transmets aujourd'hui.

Si vous les connaissez déjà, ce n'est pas grave : un rappel ne fait jamais de mal !

(Et, au pire, vous pouvez toujours sauter ce chapitre et aller directement à celui qui vous intéresse.)

1. Peaufinez votre idée

Ne vous jetez pas à corps perdu dans l'écriture dès que la moindre idée pointe le bout de son nez. Prenez le temps de l'évaluer, de voir jusqu'où vous pourrez aller avec elle, ce que vous pourrez en tirer.

Toutes les idées ne sont pas bonnes à écrire : certaines ont déjà été traitées des milliers de fois, d'autres n'ont juste rien à raconter.

Si, après réflexion, vous vous rendez compte que votre idée fait partie de celles qui ne sont pas bonnes à écrire alors vous pouvez :

- la mettre de côté pour lui laisser le temps de mûrir et la raconter plus tard,

- l'approfondir en la mélangeant d'autres idées remisées dans vos tiroirs, en allant vous inspirer grâce à d'autres supports comme des films, l'Histoire, de la musique... (*Pour approfondir mes idées, j'utilise la méthode des 5W's expliquée dans le chapitre La page blanche.*)

2. Planifiez

Pour réussir à arriver au bout de son livre, il est primordial de le planifier afin de savoir où l'on va.

Prenez une feuille et écrivez au moins les grandes étapes du livre que vous voulez écrire. Peu importe que vous soyez jardinier (écriture scripturale) ou architecte (écriture structurale), la seule différence qui distingue l'un de l'autre, c'est la quantité de préparation. Les jardiniers auront plutôt tendance à limiter leurs plans et fiches à quelques notes sur un coin de feuille alors que les architectes noirciront des pages et des pages de plan et de documentations.

C'est à vous, et à vous seul-e-s, de définir vos besoins minimums en termes de planifications.

3. Prenez rendez-vous avec vous même

La gestion du temps est un problème récurrent chez beaucoup d'écrivains et d'écrivaines.

Je croise souvent des réflexions comme « Je n'ai pas le temps d'écrire » ou encore « J'attends d'avoir le temps pour écrire ». S'il y a bien une chose que j'ai apprise, c'est que l'on ne *trouve* jamais le temps.

Si vous voulez écrire votre livre, il vous faut *prendre* ce temps, l'arracher à votre agenda s'il le faut. Et la meilleure manière d'y arriver, c'est de prendre rendez-vous avec soi-même.

Alors, prenez votre agenda, qu'importe que ce soit un *planner*, *Google Calendar*, un *bullet journal* ou autre, choisissez une plage horaire de la durée de votre choix (entre trente minutes et deux heures, c'est l'idéal) et notez-y : « J'écris ! »

Placez-en autant que vous le souhaitez dans votre agenda, mais tenez-vous-y ! Ces plages horaires doivent être bloquées, cadenassées. Ce doivent être des moments de votre semaine que vous ne dédierez qu'à l'écriture et à rien d'autre.

Pour preuve que cette méthode marche : j'ai commencé la rédaction du premier tome de ma série en mars 2014 et je l'ai terminé en février 2017. J'ai mis trois ans à l'écrire non pas parce que j'avais beaucoup à dire, mais parce que j'attendais de trouver le temps. Or, dès que je me suis fixé des horaires d'écriture, tout a avancé beaucoup plus vite ! En me fixant des rendez-vous avec moi-même, j'ai écrit mon tome deux en neuf mois. Pourtant, ce tome est plus épais que le premier et je n'écris que cinq heures par semaine à raison d'une heure par jour, du lundi au vendredi.

4. Sachez dire non

Le deuxième problème récurrent des écrivains et des écrivaines, c'est la procrastination.

Il faut commencer par réussir à se dire non à soi-même. C'est bien beau de se fixer un rendez-vous avec soi-même, mais encore faut-il réussir à se couper du monde pour se concentrer sur ses écrits. Pour supprimer toute distraction, éteignez votre téléphone ou mettez-le en mode avion si vous utilisez des applications pour écrire, comme un minuteur.

Le mode avion est un paramétrage préconfiguré qui existe sur tous les smartphones et systèmes d'exploitation et qui permet de couper toutes les connexions réseau tout en vous permettant de continuer à utiliser les applications et fonctions qui ne nécessitent ni réseau ni internet. Le mode avion déconnecte :
– le réseau téléphonique
– la 3G, la 4G, la 5G
– le GPS
– le Bluetooth

Ainsi, vous ne risquez plus d'être dérangé-e par des appels, des SMS, des emails, des notifications de réseaux sociaux...

Ensuite, si vous écrivez sur papier, éteignez votre ordinateur. Si vous écrivez sur ordinateur, bloquez toutes les notifications, notamment les notifications mail de *Windows live mail* (oui, c'est du vécu), et fermez tous vos onglets ou ne gardez que les utiles.

Par exemple, pour moi, il s'agit de YouTube (pour ma *playlist* d'écriture), Larousse et Synonymes.com.

La seconde chose à faire, c'est de réussir à dire non aux autres. Si un ami a envie de vous voir autour d'un café pour profiter du soleil ou qu'une amie veut vous téléphoner pour papoter, vous devez leur dire non. Ce rendez-vous que vous avez pris avec vous-même dans votre agenda doit avoir la même valeur qu'un cours ou qu'un rendez-vous client : il ne peut être ni reporté, ni annulé.

Si vous avez peur ou honte de dire à vos proches que vous ne pouvez pas accepter leurs demandes parce que vous écrivez, alors dites-leur simplement que vous avez un rendez-vous, sans rentrer dans les détails.

De même, si vous avez peur de vous couper du monde (peur de rater un appel important par exemple, c'est une peur que j'ai éprouvée pendant très longtemps), rappelez-vous que ce n'est que pour un court laps de temps, deux heures maximum. C'est le temps d'un film ! Or, au cinéma, vous êtes tout autant coupé-e du monde et ça ne pose de problème à personne, ni à vous ni aux autres.

5. Ne revenez pas sur vos pas

Lorsque vous voyagez, normalement, vous devez démarrer de chez vous pour, *in fine*, arriver à destination. Or, si vous passez votre temps à quitter votre maison, puis revenir parce que vous avez oublié votre portefeuille, votre brosse à dents, votre paire de chaussettes porte-bonheur, etc. vous n'arriverez jamais à destination, ou à grand-peine.

L'écriture c'est la même chose : si vous voulez boucler votre premier jet, regardez devant vous et non derrière.

Ne corrigez pas vos chapitres précédents tant que vous n'avez pas terminé de rédiger le premier jet de votre livre.

Vous aurez tout le temps de perfectionner votre brouillon une fois que vous aurez tout écrit. D'ailleurs, vos corrections seront beaucoup plus efficaces si vous les effectuez alors que vous avez déjà une vue d'ensemble de votre travail.

En outre, les corrections ont souvent un aspect déprimant, et ce, pour deux raisons. La première, c'est que vous allez être confronté-e à votre écriture brute, à votre premier jet, et il est très fréquent, pour ne pas dire inévitable, que vous la trouviez médiocre. Quand on y est confronté-e en pleine rédaction, on se sent souvent trop découragé-e pour écrire la suite (le fameux : « Tout ce que j'écris est mauvais ! Je suis un-e écrivain-e raté-e ! »), alors que si on y est confronté-e après la rédaction, on se sent déjà plus confiant-e parce que le livre est déjà terminé et parce que vous savez que la correction est l'étape suivante. Se dire que l'on ne doit que corriger son texte et non plus le finir en plus de le corriger, ça change tout. C'est beaucoup moins décourageant.

La seconde, c'est que vous n'aurez pas l'impression d'avancer dans vos textes. Et ce sera vrai. Corriger sans cesse ce qui aura déjà été rédigé ne vous emmènera pas vers l'écriture du mot *fin*. Ainsi, en corrigeant avant d'avoir terminé, vous penserez avancer alors que, en réalité, il n'en est rien.

Corriger en cours d'écriture, c'est faire trois pas en avant pour deux en arrière : c'est éreintant et inefficace.

Bien sûr, ici on ne parle pas des petites corrections que l'on peut faire lorsque l'on relit ce que l'on a écrit pendant la session précédente. Il est vraiment question de revenir loin en arrière et de tout reprendre.

6. Ne vous dispersez pas

Il n'y a rien de pire que de mener plusieurs gros projets d'écriture de front.

Il est fréquent de voir de jeunes écrivain-e-s (dans le sens *qui se sont mis récemment à l'écriture*) commencer des dizaines de projets et n'en finir aucun.

Si une nouvelle idée vous tombe dessus, essayez soit de l'intégrer à votre projet en cours, soit de la mettre de côté pour plus tard, pour en revenir au point n° 1 : laissez-la mûrir.

C'est vrai que lorsque l'on travaille sur un projet de longue durée, il peut arriver que l'on se lasse[1] ou, tout simplement, que l'on soit séduit-e par la fraîcheur d'une nouvelle idée (le fameux *attrait de la nouveauté*). Céder à cette pulsion de vouloir écrire un nouveau projet en parallèle avec l'ancien est, le plus souvent, le meilleur moyen de ne jamais terminer aucun des deux.

En outre, si vous avez déjà un problème de temps pour écrire un seul ouvrage, imaginez si vous deviez en écrire deux !

Cependant, si cette nouvelle idée vous obsède au point que vous ne pouvez pas la mettre de côté pour plus tard, alors prenez des notes. Développez-là, commencez vos fiches de personnages, de lieux, etc., mais faites-le en-

---

1. Voir le chapitre *Le Syndrome du milieu*

dehors des plages horaires que vous avez dédiées à votre projet principal.

J'aimerais préciser qu'il est possible de mener plusieurs romans de front, mais pour cela vous aurez besoin de beaucoup d'organisation et de temps. Mener plusieurs projets de front demande de la rigueur et de la discipline.

7. Personnalisez votre environnement

Écrire nous demande de synthétiser nos pensées pour les traduire en mots, cela demande beaucoup d'attention. Il faut aussi accepter que ce ne soit pas parfait du premier coup. Écrire est un acte de lâcher-prise qui demande beaucoup de concentration et de bienveillance envers soi-même. Aussi, faut-il se sentir en confiance dans l'environnement dans lequel on écrit.

Pour ce faire, vous devez trouver les différents ingrédients qui favorisent votre concentration. Ces derniers peuvent tenir dans plusieurs éléments :

- l'endroit : choisissez un endroit où vous vous sentez bien et inspiré-e, mais aussi où vous ne serez pas dérangé-e, ça peut être votre bureau, votre salon, un café...

- l'heure : probablement le point le plus important de tous, vous ne le savez peut-être pas, mais l'activité de notre cerveau suit des cycles et il n'est pas opérationnel à la création tout le temps. Nous avons tous des rythmes différents qui font que nous sommes plus efficaces à accomplir certaines tâches à certaines heures et totalement incapables de les réaliser à d'autres moments de la journée. Il est donc primordial que vous trouviez vos horaires d'écriture.

- l'ambiance sonore : je ne voulais pas parler de musique parce que le silence est tout aussi légitime que de la musique ou des chants de baleine, par exemple ; l'important c'est que ça vous aide et mette à l'aise.

- le support : carnet, feuilles volantes, lignées, quadrillées, ordinateur, tablette, smartphone, machine à écrire, crayon, stylo à bille, stylo à plume, parchemin, plume d'oie... les choix ne manquent pas !

- la position : ce point peut vous paraître étrange, mais certain-e-s écrivain-e-s aiment écrire debout ou couché, par terre ou sur leur canapé... être assis-e n'est donc pas une obligation.

- la tenue : certain-e-s accordent une grande importance à la tenue, comme Victor Hugo qui écrivait nu ou Dany Laferrière qui écrit en pyjama.

- la boisson et le grignotage : il m'est impossible d'écrire sans mon mug de thé ou de café et mon carré de chocolat, et je sais qu'il en va de même pour beaucoup d'autres confrères et consœurs d'écriture.

Si vous manquez d'imagination ou si vous avez peur du ridicule, je vous conseille de lire un article publié sur

Actualitté : *Les méthodes de travail les plus étranges des écrivains*[2].

8. Lisez

Quand on écrit des livres, il est important de s'imprégner des mots des autres, de leurs univers, de leurs styles, de leur structure afin de pouvoir en tirer des enseignements et d'évoluer en tant qu'écrivain-e. Les mots et leur usage ne peuvent s'apprendre que dans d'autres livres.

Lire des styles d'écriture variés permet de comprendre les différents rouages de l'écriture. Cela permet également de se trouver des modèles à suivre, des professeurs en quelque sorte, et, ainsi, de nous imposer un certain niveau d'exigence.

9. Rendez des comptes

Cela peut paraître saugrenu, mais c'est très motivant de devoir rendre des comptes à quelqu'un.

Je vous conseille de choisir une personne de confiance dans votre entourage, de la mettre au courant de votre projet de roman et, après chaque session d'écriture, de lui communiquer combien de mots ou signes vous aurez écrits.

Si vous n'avez pas écrit, cette personne peut vous donner un gage (comme lui payer un restaurant ou un cinéma).

---

2. https://www.actualitte.com/article/zone-51/les-methodes-de-travail-les-plus-etranges-des-ecrivains/66324

Si vous avez une communauté sur les réseaux sociaux, vous pouvez aussi lui rendre des comptes... et elle pourrait aussi vous donner des gages.

Dans mon cas, à chaque fin de session d'écriture, j'envoie à mon mari le nombre de mots j'ai écrits. Ensuite, dans la foulée, je publie un extrait de ce que je viens d'écrire sur mes réseaux sociaux d'autrice. Ça me permet d'avoir l'impression de devoir tenir des obligations et ça m'aide vraiment à être constante dans mon écriture.

10. Ne vous comparez pas

La comparaison est mortelle pour la motivation et l'estime de soi.

Mais, surtout, elle est inutile.

En général, ce que l'on compare, c'est notre premier jet avec des livres publiés. C'est-à-dire que l'on compare notre brouillon à des versions de romans qui ont déjà été relues et corrigées à maintes reprises. Ce n'est même pas comparable.

Ensuite, on se compare souvent à nos modèles qui ont, la plupart du temps, beaucoup plus d'expérience. Si vous voulez vraiment comparer vos écrits, comparez la version publiée de votre roman à celle du premier roman de votre idole.

Bonus. Faites-vous plaisir !

Parce qu'après tout, si on écrit, c'est d'abord et avant tout parce que l'on aime ça !

Ne perdez donc pas de vue le plaisir des mots et le bonheur d'écrire.

Comment commencer

Dans ce chapitre, j'aborderai le thème du début de l'écriture selon les deux formes du problème que j'ai croisées, c'est-à-dire :

- Par quoi commencer un roman quand c'est le premier qu'on écrit ?

- Comment passer de la préparation à la rédaction ?

Par quoi débuter ?

La première difficulté à surmonter lorsque l'on est un-e écrivain-e débutant-e, c'est de connaitre sa nature d'écrivain-e. C'est-à-dire de savoir si on est davantage scriptural-e (jardinier ou jardinière) ou structural-e (architecte). Si les plans et les fiches nous rebutent ou si, au contraire, on en a besoin. Malheureusement, je ne connais pas de recette miracle pour que vous puissiez le savoir avant de vous lancer dans l'écriture. La seule chose que je peux vous conseiller est de vous lancer et de tester différentes manières de faire. Il n'y a que la pratique qui pourra vous révéler votre nature.

Cependant, dans tous les cas, un minimum de préparation est nécessaire avant de se lancer dans l'écriture. Il vous faut commencer par :

- Poser vos idées, les mettre sur papier afin de pouvoir avoir une vision claire de ce que vous avez d'écrire.

- Les ordonner et faire le tri, car toutes les idées ne sont pas bonnes à garder : certaines ne colleront pas au reste de votre projet, d'autres seront des impasses. J'aime bien comparer cette étape à une grande boîte dans laquelle se trouvent les pièces de plusieurs puzzles et c'est à vous de les trier pour reconstituer les différents puzzles.

- Faire des fiches et des plans dont la précision et le nombre dépendront de vos besoins et de votre nature.

- Tester différentes méthodes de construction de l'intrigue.

Une fois que vous aurez rempli toutes ces étapes, vous pourrez passer à la suivante, la rédaction. Je n'ai pas de recette secrète. Pour savoir quand on a assez préparé son roman et que l'on est prêt ou prête à passer à la rédaction.

Ce que je peux vous dire, en revanche, c'est qu'il y a toujours un moment clé. Un moment où le déclic se fait, où on se sent assez assuré-e pour prendre la plume et laisser ses personnages vivre leur histoire. Si vous avez peur de ne pas avoir ce déclic, faites des *check-lists* des fiches à préparer et, une fois que vos fiches seront remplies et tous les points de votre liste biffés, lancez-vous. On se rend vite compte quand un détail manque d'approfondissement. Si cela vous arrive, il vous suffira de mettre votre rédaction en pause et de reprendre vos fiches.

Passer de la préparation à la rédaction

Le passage de la préparation à la rédaction est souvent un passage délicat. D'une part parce que cela demande de changer d'état d'esprit (il faut passer du mode *écriture documentaire* à celui de *écriture littéraire*), d'autre part, parce qu'on ne sait pas toujours par quoi commencer, quel *incipit* choisir, quelle fonction donner à ses premiers mots.

Le tout premier conseil que je veux vous donner est de vous souvenir que ce que vous vous apprêtez à écrire n'est que votre premier jet, votre brouillon de roman. De ce fait, comme tous les brouillons, vous devrez le mettre au propre quand vous aurez fini. Vous aurez alors la possibilité de le réécrire, voire de le changer plus tard s'il ne vous plaît pas.

Vos premiers mots n'ont donc aucun besoin d'être parfaits et encore moins utiles puisqu'ils ne sont pas définitifs. Vous pourriez très bien décider par la suite de les modifier de fond en comble, voire de les supprimer pour en écrire de nouveaux. Mais qu'importe ? Ce qui est primordial, c'est que vous ayez de la matière à retravailler. Et ça, vous n'en aurez qu'en écrivant votre livre.

Si vous vous rendez compte que votre scène d'ouverture est bateau, que la suite n'est pas cohérente, que le rythme est inégal... ce n'est pas grave puisque vous le corrigerez par la suite.

Rappelez-vous que lorsque l'on écrit une dissertation, on finit toujours par l'introduction. Il en va de même pour les romans : vos premiers mots ne sont là que pour vous mettre sur les rails, pour que vous ayez un début de quelque chose. Ce ne sera qu'à la fin que vous reprendrez cette introduction, puisque ce ne sera qu'une fois votre roman fini que vous aurez une vue globale qui vous permettra de savoir exactement de quel *incipit* votre roman a besoin.

En résumé : posez vos premiers mots et faites-vous confiance, avancez sans vous poser de questions. Vous aurez tout le temps nécessaire pour tout reprendre plus tard. Il est primordial que vous réussissiez à lâcher prise à ce moment de la rédaction.

Le second problème, c'est le trop-plein d'idées.

Vous vous mettez à écrire et les idées continuent ou recommencent à affluer, ce qui vous oblige à reprendre tout ou partie de votre projet. Selon moi, il y a quatre raisons principales pour lesquelles cet afflux d'idées survient.

1. Le manque de préparation

Il y a plusieurs cas de figure :

- Votre plan n'est pas suffisamment précis : comme aucune idée n'est réellement fixée, il y a encore trop de possibilités pour les nouvelles idées de s'immiscer.

- Vous n'avez pas suffisamment laissé décanter vos idées. Il est toujours préférable de se laisser un (petit) temps de repos après avoir terminé la préparation de son roman. Cela permet de s'assurer que l'on n'a rien oublié et que nos idées tiennent la route.

- On veut absolument incorporer toutes nos idées dans ce roman-là alors qu'on pourrait en écrire dix avec toute la matière qu'on a. Il faut savoir qu'un roman n'est jamais terminé. On peut toujours y ajouter des choses, en modifier ou en supprimer à l'infini. Pourtant, il y a un moment où il faut taper du poing sur la table, se dire stop et passer à l'étape suivante.

2. La préparation à outrance

Cela peut paraître paradoxal avec le point précédent, mais avoir trop cadenassé son plan peut aussi être un motif qui vous empêche de commencer à écrire. Cela peut vous effrayer de ne pas savoir tenir ce plan ou parce que, inconsciemment, vous vous sentez emprisonné-e dedans.

Dans ce cas, la meilleure chose à faire est de préparer votre roman différemment. Au lieu d'établir un plan complet et immuable, faites un plan à trous, ne marquez, succinctement, que les grandes étapes de votre histoire et ne remplissez pas le reste, laissez venir le reste à la rédaction.

Il y a également le plan sous forme de *l'arborescence des possibles*. [3], c'est-à-dire que vous faites plusieurs plans pour une même histoire en envisageant plusieurs déroulements de l'intrigue que vous choisirez au fur et à mesure que vous avancerez dans la rédaction.

Enfin, la dernière manière, construisez votre intrigue au fur et à mesure que vous écrivez votre histoire.

3. L'obstination à vouloir commencer par le début

Il faut savoir qu'aucune loi ne vous impose de commencer la rédaction de votre roman par le début, surtout si ce n'est pas le passage qui vous inspire le plus. Vous pouvez parfaitement débuter l'écriture de votre roman par la scène qui vous parle le plus en vous rappelant qu'elle n'est pas gravée dans le marbre. Plus tard, vous aurez toujours la possibilité de la déplacer à un autre endroit de votre intrigue (voire dans un autre tome de votre série si vous en écrivez une), de la réécrire et même de la supprimer.

4. La peur de ne pas y arriver

Vous avez trop peur de ne pas réussir à écrire votre roman jusqu'au bout, alors vous ne vous lancez pas. C'est bien connu : si on n'essaie pas, on n'échoue pas.

Mais si on n'essaie pas, on ne réussit pas non plus.

L'écriture est un art qui demande, entre autres, de la préparation (un minimum du moins) et de la persévérance,

______

3. Voir le chapitre *La Page blanche*

et ce, quelle que soit notre nature d'écrivain-e. Si vous avez suffisamment préparé votre roman (ce dont vous aviez besoin, tout du moins) et que vous vous sentez motivé-e, voire investi-e par votre histoire et vos personnages, il n'y a pas de raison que vous n'y arriviez pas.

Cette peur de ne pas finir vient souvent du fait que l'on conçoit l'écriture d'un livre comme un énorme bloc à traiter en une seule fois. Une sorte de montagne qui nous semble infranchissable. Pourtant un roman n'est pas si différent d'une montagne et il y a des personnes qui arrivent à grimper jusqu'au sommet de ces montagnes. Elles y arrivent en avançant un pas après l'autre. Un roman s'écrit exactement de la même manière : un mot après l'autre. Ne concevez pas votre histoire comme une grosse tâche à effectuer en une seule fois, mais comme un assemblage de plusieurs de petites tâches. Vous pouvez ainsi tenir un journal d'écriture où vous décomposerez votre roman en chapitres, en étapes ou en scènes que vous pourrez marquées comme accomplies une fois écrites. Vous verrez que cela vous paraîtra tout de suite beaucoup moins impressionnant.

Personnellement, je préfère découper mes romans en unité de temps et de mots. Je me fixe un calendrier prévisionnel en commençant par me fixer un objectif de mots à atteindre (*dans mon cas, je vise toujours 80 000 mots, même si je sais que je les dépasse toujours*), puis un nombre de mots minimum à écrire par session d'écriture (*500 mots, alors que ma vitesse moyenne est de 800 à 900 mots par heure, mais il m'arrive d'avoir des coups de mou où je ne parviens pas à 500 mots ou difficilement*). Je sais donc qu'il me faudra 160 sessions d'une heure pour écrire mon roman.

Comme j'écris du lundi au vendredi, un rapide calcul me dit qu'il me faudra 32 semaines pour écrire mon roman, soit à peu près 7 mois. Ça devient tout de suite beaucoup moins impressionnant dès que c'est quantifié de la sorte, non ?

J'ai également une application sur mon téléphone qui m'affiche une barre de progression. Ça me permet d'avoir un bon aperçu de mes avancées et de ce qu'il me reste à écrire.

En gestion de projet, lorsque l'on se fixe des objectifs, la première règle est qu'il faut que ces objectifs soient quantifiables. Écrire un roman n'est pas très différent de la réalisation d'un projet, il est donc important de quantifier son roman, même si on sait que ce que l'on mettra ne sera pas respecté. Au moins on a un but clair et défini et on n'a pas l'impression d'avancer à tâtons dans le brouillard. C'est très important pour ne pas se décourager.

Quel *incipit* choisir ?

Plus tôt, je vous parlais de l'*incipit*. Mais qu'est-ce donc ?

Selon les définitions, l'*incipit* peut autant désigner la première phrase du roman, que le premier paragraphe ou encore le premier chapitre si ce dernier est court. Ces premiers mots que vos lecteurs et vos lectrices rencontreront ont plusieurs fonctions :

- annoncer le récit qui va suivre en présentant le genre, le narrateur ou le point de vue, le ton de la narration, etc.

- attiser la curiosité du lecteur ou de la lectrice

- présenter l'univers du récit (le cadre spatio-temporel, les personnages...)

- installer le contexte de l'histoire (arrivée soudaine ou progressive d'un événement, expliquer les enjeux...)

- Vous disposez de plusieurs manières de commencer votre récit :

- l'incipit statique décrit le décor, le cadre, l'époque, le personnage principal... Il ne sert qu'à informer. Il n'y a pas d'action.

- l'incipit progressif donne des informations au compte-goutte et ne répond pas à toutes les questions relatives à la présentation de l'univers.

- l'incipit dynamique ou, *in medias res*, plonge directement le lecteur dans l'action, en ne donnant que des indications succinctes relatives au cadre du récit.

- l'incipit suspensif tourne autour du pot. Il ne donne aucune information, ou très peu, et ne relate aucune action. Il sert à dérouter le lectorat. Il peut s'agir d'une plongée dans les réflexions du narrateur ou du personnage principal, par exemple.

Voici un tableau comparatif pour que vous puissiez vous faire une meilleure idée des différents types d'*incipit* :

	Dramatisation immédiate	Dramatisation retardée
saturation informative	**Incipit progressif** Émile Zola : *Germinal* « Dans la plaine rase, sous la nuit sans étoiles, d'une obscurité et d'une épaisseur d'encre, un homme suivait seul la grande route de Marchiennes à Montsou, dix kilomètres de pavé coupant tout droit, à travers les champs de betteraves. »	**Incipit statique** Honoré de Balzac : *Le Père Goriot* « Madame Vauquer, née de Conflans, est une vieille femme qui, depuis quarante ans, tient à Paris une pension bourgeoise établie rue Neuve-Sainte-Geneviève, entre le Quartier latin et le faubourg Saint-Marceau. »
raréfaction informative	**Incipit dynamique** André Gide : *Les Faux-Monnayeurs* « 'C'est le moment de croire que j'entends des pas dans le corridor', se dit Bernard. Il releva la tête et prêta l'oreille. Mais non : son père et son frère aîné étaient retenus au Palais ; sa mère en visite ; sa sœur à un concert ; et quant au puîné, le petit Caloub, une pension le bouclait au sortir du lycée chaque jour. »	**Incipit suspensif** Beckett : *L'Innommable* « Où maintenant ? Quand maintenant ? Qui maintenant ? Sans me le demander. Dire je. Sans le penser. Appeler cela des questions, des hypothèses. Aller de l'avant, appeler ça aller, appeler ça de l'avant. Se peut-il qu'un jour, premier pas va, j'y sois simplement resté, où, au lieu de sortir, selon une vieille habitude, passer jour et nuit aussi loin que possible de chez moi, ce n'était pas loin. Cela a pu commencer ainsi. Je ne me poserai plus de question. »

Le début de votre nouvelle ne doit pas nécessairement correspondre à votre situation initiale. Vous pouvez très bien commencer votre récit par l'élément déclencheur et incorporer des *flashbacks* ou faire raconter la situation initiale par l'un de vos personnages un peu plus tard. Veillez toutefois à ne pas l'exposer trop tard. Vous pouvez aussi distiller les informations au fil du récit afin de faire planer une sorte de mystère au-dessus de votre personnage principal, par exemple.[4]

---

4. Ce passage à propos de l'incipit est issu de mon guide *Écrire une nouvelle en 7 jours*.

LE SYNDROME DU MILIEU

Il est fréquent de ressentir des difficultés à passer le milieu de son roman et de garder la motivation pendant la rédaction. C'est ce que l'on appelle couramment le *syndrome du milieu.*

Qu'est-ce, concrètement ?

Le syndrome du milieu correspond au blocage que l'on peut éprouver lorsque l'on arrive vers la moitié de notre roman.

Ce moment de l'intrigue est souvent un moment critique, et ce, pour deux raisons.

L'effet de nouveauté disparaît

Lorsque l'on se lance dans l'écriture d'un nouveau projet, on est exalté-e, passionné-e, on déborde d'idées, en un mot comme en cent : on est motivé-e ! Une fois arrivé-e vers le milieu, on commence à s'essouffler. L'exaltation du début s'est estompée et on voit qu'il y a encore « tout ça » à écrire !

On compare souvent l'écriture d'un roman à l'ascension d'une montagne. Le milieu correspond au moment où on arrive vers le sommet : on est essoufflé-e, fatigué-e, assoiffé-e.

L'entre-deux

La seconde raison est structurelle. La plupart du temps, le milieu d'un roman correspond à un moment charnière de l'intrigue, une sorte de démarcation plus ou moins nette entre le début et la fin (c'est la fin du début et le début de la fin). Un moment où le héros a eu une révélation, où l'héroïne fait un choix décisif, etc.

C'est souvent un passage qui peut être plat, parce que transitionnel (les Anglo-saxons parlent du *sagging middle syndrome*, du syndrome de l'effondrement du milieu), une sorte de creux de la vague, un entre-deux qui n'est pas très exaltant à écrire (et qui ne le sera pas non plus à lire si on ne s'applique pas).

Malheureusement, le milieu du roman est souvent un moment marqué par l'abandon de l'écriture. Comme c'est un passage qui n'est pas très palpitant, nombre d'auteurs et d'autrices mettent leur roman en pause « en attendant » un retour de motivation. Mais, finalement, ils et elles n'y reviennent pas, car ils et elles ont été happé-e-s par une nouvelle idée qui semble plus séduisante. Et c'est ainsi que des milliers de romans inachevés terminent dans des tiroirs.

Comment y remédier ?

Tout d'abord, j'aimerais vous rassurer en vous disant que tous les auteurs et autrices, ou presque, souffrent de cette baisse de régime, moi y compris.

Voici quelques pistes pour surmonter ce syndrome du milieu :

Vous n'êtes pas nul-le !

Beaucoup d'écrivain-e-s se fustigent et se dénigrent à cause de ce blocage, alors qu'il n'y a strictement aucune raison. J'ai souvent croisé la réflexion : « Les autres y arrivent et pas moi ! Je suis nul-le ! ».

La première chose à faire pour surmonter ce syndrome, c'est que vous compreniez que, non, vous n'êtes pas nul-le parce que vous êtes bloqué-e à la moitié de votre histoire. Ça arrive même aux meilleur-e-s, vous faites juste partie de la normalité parmi tous les écrivains et écrivaines du monde.

Surmonter le syndrome du milieu s'apprend et, au fur et à mesure que l'on acquiert de l'expérience, on développe nos propres techniques pour le surmonter plus vite et de manière plus efficace. Le tout, c'est de faire preuve de persévérance et de volonté.

Faites le point

Ensuite, arrivé-e au milieu du roman, accordez-vous une petite pause et regardez le chemin parcouru. N'allez pas corriger votre roman maintenant, surtout pas ! C'est le meilleur moyen de rester coincé-e là vous en êtes arrivé-e.

Félicitez-vous plutôt d'avoir déjà accompli *tout* ça et faites le point sur votre intrigue.

Si vous êtes du genre architecte, regardez où vous en êtes dans votre plan : Avez-vous raconté tout ce que vous vouliez raconter ? Y a-t-il eu des ajouts, des suppressions ou des modifications de passages ou de personnages ? L'intrigue va-t-elle toujours dans le sens que vous vouliez ? Etc.

Si vous êtes plutôt jardinier ou jardinière, notez les étapes traversées par votre roman, les changements subits par vos personnages. Cela vous servira de pense-bête pour la suite et vous permettra d'avoir l'esprit plus clair.

Regardez pour la suite

Si vous êtes jardinier ou jardinière, c'est le moment idéal pour prendre une bonne bouffée d'inspiration pour retrouver un nouvel élan et de nouvelles idées pour la suite, si vous en manquiez. Si, au contraire, vous n'en manquiez pas et que vous en avez plusieurs, c'est le moment de réfléchir à l'idée qui vous tente le plus.

Si vous êtes architecte, vérifiez que les motivations des personnages, les péripéties à venir, les enjeux de l'intrigue et les thèmes à aborder sont clairs dans votre esprit et correctement introduits dans la première partie. En fonction des vérifications effectuées, corrigez votre plan au besoin et complétez-le si vous le précisez au fur et à mesure de l'avancée de l'intrigue.

Personnellement, c'est ce que je fais : j'ai un plan très précis jusqu'au milieu, puis le reste est surtout une succession d'idées. Une fois au milieu de mon roman ou de mon tome, je sais que beaucoup de choses auront changé et que j'aurai eu de nouvelles idées plus cohérentes et/ou plus intéressantes pour mon intrigue. Le milieu correspond donc, pour moi, au moment où je fais le point pour, ensuite, compléter mon plan. Ça me permet d'avoir des idées « fraîches » et donc un regain de motivation.

Parlez de votre intrigue

Il est souvent question de la solitude de l'écrivain-e, mais, en vérité, la solitude est un fléau pour nous. Être entouré-e de ses semblables pour échanger sur les problèmes propres à notre art, trouver du réconfort parmi nos collègues, qui comprennent nos soucis, il n'y a rien de plus rassurant et stimulant.

De même, avoir quelqu'un à qui parler de nos avancées, à qui rendre des comptes et avec qui réfléchir est indispensable. Qu'il ou elle écrive aussi importe peu, le tout c'est que cette personne vous écoute, vous suggère des pistes de travail. Que ce soit quelqu'un avec qui vous puissiez réfléchir.

Énoncer nos idées tout haut et pour une autre personne nous force à les clarifier pour les exposer de manière intelligible. En bref, ça nous force à mettre de l'ordre dans notre tête. Et, croyez-moi, ça règle beaucoup de problèmes !

Pour ma part, j'ai la chance d'avoir un mari très impliqué dans mon écriture et je peux compter sur lui pour m'aider à débrouiller le fouillis de mes idées. Mais si vous n'avez pas la chance d'avoir un proche aussi impliqué, sachez qu'il existe des groupes Facebook, des forums et des communautés d'écrivain-e-s sur Twitter où il y aura toujours des personnes disponibles pour vous écouter et vous aider (même par messages privés) si vous le demandez gentiment.

Vous ne pouvez pas vous ennuyer

Si vous vous ennuyez, les lecteurs et lectrices s'ennuieront aussi.

Comme vu plus tôt, la démotivation en arrivant au milieu du récit peut également être due à une baisse de régime dans l'intrigue, le fameux syndrome d'effondrement.

Pour pallier ce problème, plusieurs solutions s'offrent à vous :

- Ajoutez un ou des rebondissements comme quelque chose de tragique qui arriverait à votre ou vos personnages, des complications ou une crise dans son histoire qui le ferait passer un point de non-retour. Vous pourriez également ajouter une étape dans sa quête/son histoire, une tâche de plus à accomplir.

- À l'inverse, vous pourriez aussi tout simplement, raccourcir ce passage un peu mou, cet « entre-deux », afin de retourner plus vite dans l'action.

- Si votre narration le permet, vous pourriez raconter un rebondissement du point de vue d'un autre personnage, une avancée dans l'intrigue ou une révélation que votre personnage principal ignorerait, mais pas votre lectorat afin de susciter la curiosité.[5]

- En revanche, ne mettez pas en avant l'intrigue secondaire à ce moment-là. Arrivé au milieu du récit, le lectorat veut connaitre la suite de l'intrigue principale le plus vite possible. Mettre en avant l'intrigue secondaire risque surtout de donner l'impression que vous noyez le poisson.

---

5. Il s'agit d'un procédé narratif appelé ironie dramatique.

LES SEPT OBSTACLES QUI VOUS EMPÊCHENT D'ARRIVER AU BOUT DE VOTRE ROMAN

En plus de vingt ans de pratique de l'écriture et depuis 2014, date à laquelle j'ai commencé à traîner mes guêtres dans les différentes communautés d'écrivains et d'écrivaines internautiques, j'ai réussi à identifier au moins sept obstacles fréquents qui nous empêchent d'arriver au bout de nos romans.

Je dis *nous*, car, encore une fois, je n'ai pas été épargnée par plusieurs de ces obstacles. Ces derniers ne sont, heureusement, pas insurmontables.

1. Le perfectionnisme

Beaucoup d'entre nous ne parviennent pas à avancer sur leurs écrits parce qu'ils reviennent sans cesse en arrière pour corriger, reprendre, réécrire. Ou plus ils avancent et plus ils ont l'impression que ce qu'ils écrivent est mauvais.

Je vais être franche et désagréable, mais il est primordial que vous vous en rappeliez que

Un premier jet sera toujours merdique !

Ce n'est pas moi qui le dis, c'est Ernest Hemingway.

Même les premiers jets de Stephen King, J.K. Rowling, Marc Levy, Amélie Nothomb, Flaubert, Zola et tous les autres auteurs et autrices que vous adulez sont mauvais.

En anglais, un premier jet s'appelle un *frist draft*, c'est-à-dire un *premier* brouillon. Un premier jet n'est rien d'autre que la première forme d'un écrit que l'on corrige, avant de le recopier. Ce n'est pas un roman, c'est une ébauche de roman.

Ainsi, vous pourrez retourner en arrière, corriger, reprendre, réécrire autant que vous voudrez, une fois le mot fin posé, vous devrez de toute manière tout relire, tout corriger, tout reprendre et tout réécrire. C'est inéluctable. Une fois votre brouillon terminé, vous devrez le relire dans son intégralité pour vous assurer de la cohérence de votre histoire et des personnages, de la fluidité de l'intrigue, la logique des enchaînements de scènes, etc. Alors, autant avancer au lieu de corriger inlassablement des choses que vous devrez de toute manière revoir, non ?

Alors, bien entendu, il n'est de nouveau pas question ici des quelques petites corrections que vous faites sur le dernier passage écrit avant de vous replonger dans l'écriture de la suite. Je parle bien, encore une fois, du fait de reprendre sans relâche des chapitres entiers et de les corriger/réécrire de fond en comble au lieu d'avancer.

Pour ne rien vous cacher, je procédais de la sorte au début. Et je me suis rendu compte que ça ne servait absolument à rien. Et ce, pour deux raisons :

1. Il y avait toujours quelque chose à corriger, ce n'était jamais parfait. Et c'était déprimant.

2. Je ne progressais pas dans mon intrigue alors que je travaillais sans relâche sur mon brouillon. Et ça aussi c'est terriblement déprimant.

Revenir sans cesse en arrière est une forme de procrastination parce qu'on a peur d'avancer, parce qu'on ne se sent pas légitime, etc. Dans tous les cas, ça déprime et ça peut même être une forme de blocage.

Quand j'ai compris que, quoi que je fasse, quelles que soient les corrections que j'apporte, de toute manière je devrais repasser dessus quand le brouillon sera achevé, j'ai eu le déclic et j'ai juste avancé sans me poser de questions.

Pour ce qui est de celles et ceux qui pensent que leur écriture devient moins bonne au fur et à mesure qu'ils et elles avancent, il y a de fortes chances pour que ça ne soit qu'une impression.

Et même si c'est vrai, même si votre écriture est moins bonne sur la fin que sur le début, ça signifie surtout que vous vous posez moins de questions pendant les phases d'écriture et que vous privilégiez l'avancée au style. Ce qui est tout sauf une mauvaise chose !

Rappelez-vous : Un premier jet est toujours merdique !

Quel que soit le soin que vous apportiez à chaque mot, chaque tournure, chaque virgule, dans tous les cas, vous devrez passer par la phase de correction qui vous permettra de corriger et de parfaire tout ça, de travailler votre vocabulaire, vos tournures, de corriger vos fautes, etc.

En conclusion de ce premier point, je ne peux vous donner qu'un seul conseil : Avancez sans regarder en arrière ou vous n'arriverez jamais à destination, ou à grand-peine ![6]

2. Le syndrome de l'objet brillant

Le syndrome de l'objet brillant correspond au fait d'être toujours attiré-e par la nouveauté.

En somme, dans le cas des écrivains et écrivaines, il s'agit d'être en permanence attiré-e par les nouvelles idées d'histoire et de ne jamais terminer les récits que l'on commence.

Ce syndrome connait trois causes possibles :

Le confort et la sécurité : Il est plus facile et sécuritaire d'abandonner un projet qui commence à demander de fournir des efforts (comme de surmonter le syndrome du milieu) pour partir sur une nouvelle idée qui nous motive et paraît plus attrayante… jusqu'à ce que cette même idée demande aussi de fournir des efforts pour avancer.

La peur de l'échec : on finit par douter de la précédente idée au point de penser qu'elle est mauvaise (souvent parce

---

6 Je me répète, mais pour m'assurer que vous vous en souveniez une fois que vous aurez refermé ce livre.

qu'on ne parvient pas à surmonter le syndrome du milieu) et que la nouvelle est tellement meilleure.

On n'aime pas écrire : il arrive qu'on préfère créer des univers et préparer des romans (compléter des fiches de personnages, inventer des lieux...) et pas du tout écrire histoires. Alors, quand on passe à la phase d'écriture, on se lasse vite et on saute sur la première nouvelle idée qui passe davantage pour la mettre en place que pour l'écrire.

Si vous êtes dans la 3e situation et que vous êtes davantage un ou une bâtisseuse qu'un ou une écrivaine, il n'y a aucun mal à ça ! Le tout, c'est de le savoir et de l'accepter.

Pour les deux autres cas, comment réagir ?

Commencez par peser les pour et les contre : la nouvelle idée de roman est-elle vraiment meilleure que l'actuelle ? Rappelez-vous que, à un moment, l'idée sur laquelle vous travaillez actuellement était meilleure et plus attrayante que la précédente. La nouvelle idée vaut-elle vraiment que vous abandonniez celle sur laquelle vous travaillez ? Ne peut-elle pas attendre dans un carnet le temps que vous terminiez celle en cours ?

Ensuite, rappelez-vous à quel point vous avez envie d'ENFIN terminer un roman ! Ce n'est pas en passant votre vie à sauter d'idée en idée en prétextant que la nouvelle est meilleure ou plus originale ou plus inspirante ou que sais-je encore que vous finirez quoi que ce soit.

Une idée de roman n'est vraiment bonne que si elle est écrite jusqu'au bout.

En outre, si vous faites partie de celles et ceux qui reviennent sans cesse en arrière pour incorporer de nouveaux éléments à votre roman, il faut que vous cessiez de faire machine arrière. Vous devez accepter de vous fermer des portes pour pouvoir avancer et concrétiser ce projet d'écrire votre roman.

Enfin, rappelez-vous que vous avez le droit d'écrire plusieurs romans au cours de votre vie. Si vous n'écrivez pas cette idée qui vous semble brillante maintenant, alors vous l'écrirez plus tard. Notez-la dans un carnet et elle ne sera pas perdue.

Vous l'aurez compris, je n'ai pas de recette miracle pour vous aider à lutter contre toutes ces nouvelles idées qui vous assaillent. Je ne peux que vous souffler des pistes de réflexion et ne vous donner qu'un seul conseil :

FOCUS !

Vous devez faire preuve de persévérance et de volonté pour y arriver.

3. La peur de l'imperfection du récit

Il s'agit du fait de revenir sans cesse en arrière pour ajouter des détails parce que l'on est persuadé-e que son roman manque d'épaisseur, d'explications, d'approfondissements...

Cette démarche peut être parfaitement inconsciente, c'est pourquoi il est primordial, si vous êtes dans ce cas-là, de vous demander pourquoi vous incorporez en permanence de nouveaux éléments à votre intrigue. Est-ce à cause du syndrome de l'objet brillant dont on vient de parler ? Parce que vous estimez que ce sera plus attrayant avec ces nouveaux éléments ? Ou est-ce parce que vous pensez que ce passage manque de détails ou que tel autre manque d'explications ?

Si vous estimez que votre intrigue n'est pas assez étoffée, peut-être est-ce parce que vous n'avez pas fait de plan pour votre récit. Il serait alors temps de vous pencher sur cette étape afin d'avoir une meilleure vue d'ensemble de votre histoire et de savoir ce que vous devez inclure dans votre premier jet et à quel moment. Pensez aussi qu'il faut un équilibre entre ce que vous savez de votre roman et ce que votre lectorat a besoin de savoir.

Si vous n'aimez pas faire de plans, vous pouvez très bien tenir un journal d'écriture dans lequel vous noteriez vos questionnements par rapport à votre brouillon afin de vérifier tout ça à la relecture.

Enfin, pensez au fait que si vous passez votre temps à ajouter, modifier et supprimer des éléments de votre récit en cours d'écriture, vous augmentez de manière ahurissante le risque d'incohérences et donc votre charge de travail au moment de la relecture. Il est préférable que vous apportiez vos modifications une fois votre premier jet terminé. Vous aurez ainsi une vision globale de votre histoire et vous pourrez mieux juger ce qui nécessite des approfondissements ou pas et où il sera le plus judicieux de les placer.

4. La peur de finir

Il s'agit ici d'une peur de l'après, une sorte de peur du vide : *Une fois que j'aurai terminé ce roman, que ferais-je ensuite ? Serais-je capable d'en écrire un autre ?*

Les projets concernés sont souvent les projets commencés il y a longtemps (souvent à l'adolescence) et qui traînent tellement en longueur qu'on n'imagine plus vivre sans. Pourtant, si vous voulez vraiment devenir des écrivaines et des écrivaines, il faut accepter soit de le finir, soit de passer à autre chose.

Un autre facteur de la peur de finir est celui de l'angoisse de devoir le soumettre à la lecture d'autrui (et donc au jugement). Elle est parfois couplée à la peur de devoir avouer à son entourage qu'on écrit.

Si vous êtes dans ce cas, commencez par vous demander si vous voulez vraiment diffuser votre prose. Rien ne vous y oblige. Vous pouvez très bien n'écrire que pour vous et ne pas faire lire ce que vous écrivez. C'est votre droit le plus strict.

En outre, si le fait de devoir avouer à votre entourage que vous écrivez vous met mal à l'aise, n'oubliez pas que vous pouvez toujours opter pour un pseudonyme et chercher des bêta-lecteurs et lectrices en-dehors de votre entourage, parmi des inconnus *via* les réseaux sociaux ou les plateformes de publication comme Wattpad ou Fyctia.

5. L'incapacité à couper le cordon

Certains et certaines éprouvent des difficultés à quitter leur univers et leurs personnages.

Si c'est votre cas, il est primordial de vous demander : *pourquoi et pour qui écrivez-vous ?*

Est-ce pour votre propre plaisir de faire vivre des personnages et des univers sans nécessairement avoir l'envie de les partager avec un lectorat ? Si c'est le cas, sachez que c'est votre droit et que vous pouvez faire durer vos histoires autant de temps que vous le souhaitez.

Si vous écrivez dans le but de partager vos histoires avec un lectorat, alors vous devez accepter qu'à un moment vos personnages doivent aller vivre leur vie dans les bibliothèques des lecteurs et des lectrices. C'est comme les parents qui doivent accepter de laisser partir leurs enfants. Si vous souhaitez vraiment écrire des romans, alors vous devez apprendre à laisser partir vos personnages vivre loin de vous pour que vous puissiez créer d'autres personnages, d'autres univers et d'autres histoires.

Cependant, vous pouvez également réutiliser vos personnages et/ou votre univers dans d'autres histoires afin de ne pas avoir à les quitter, ou pas tout de suite.

Encore une fois, il s'agit d'une question de volonté.

6. Ne pas savoir où l'on va ou ne pas savoir quand s'arrêter

J'ai croisé quelques écrivains et écrivaines qui parlaient du fait qu'ils et elles ne parvenaient pas à terminer leurs premiers jets soit parce qu'ils et elles ne savaient pas où ils allaient, soit parce qu'ils et elles ne savaient pas quand s'arrêter.

À mon sens, ces problèmes-là viennent principalement d'une mauvaise préparation.

Il arrive que certaines personnes aient besoin de découvrir l'intrigue au fur et à mesure qu'elles l'écrivent, mais si le fait de ne pas savoir où vous allez vous bloque, c'est que vous ne faites clairement pas partie de cette catégorie de personnes et que vous avez absolument besoin d'un plan. Il n'est pas nécessaire qu'il soit ultra détaillé avec un exposé minutieux scène par scène du déroulement de votre histoire. Un plan en trois phrases reprenant la situation initiale, l'élément perturbateur, une ou deux péripéties (les plus importantes) et la résolution de votre intrigue suffit amplement. Le tout est de vous donner un fil rouge, un cap à suivre pour que vous ne vous perdiez pas.

Il est clair que si vous ne finissez pas vos premiers jets parce que vous ne savez pas où vous allez avec votre histoire, c'est que vous avez besoin d'un plan, même succinct.

Si vous ne savez pas vous arrêtez d'écrire et d'ajouter des péripéties, il serait intéressant de vous demander si tous les passages de votre premier jet sont réellement indispensables et s'ils sont tous bons. Devez-vous vraiment tous les garder ? Si oui, ne pouvez-vous pas découper votre roman en plusieurs tomes (surtout si vous avez une situation finale à un moment de votre livre) ?

Enfin, il est aussi possible que vous ayez besoin d'un plan pour vous limiter, surtout si vous avez entamé l'écriture sans connaitre la fin de votre histoire. Pensez également aux lecteurs et lectrices : ont-ils vraiment envie de lire des pavés de plus de 1000 pages ?

Interrogez-vous aussi sur ce besoin d'écrire encore et toujours la même histoire : est-ce à cause du syndrome de l'objet brillant évoqué plus tôt ? Est-ce parce que vous craignez que votre roman ne soit pas parfait et complet ? Est-ce que parce que vous appréhendez l'après ? Est-ce parce que vous ne savez pas lâcher le cordon de vos personnages ?

7. Les corrections

Si vous voulez tout savoir, c'est l'étape avec laquelle j'ai le plus de problèmes.

Cette étape est difficile à surmonter pour beaucoup d'entre nous parce qu'elle nous confronte à ce que j'appelle notre propre médiocrité. Vous savez, ces moments où vous vous relisez et où vous réalisez que vous avez osé écrire ça ?! C'est dur d'accepter d'avoir déjà sué sang et eau pour terminer ce premier jet et qu'il faille recommencer !

Pourtant, les corrections sont merveilleuses parce qu'elles nous permettent de sublimer notre petit diamant que nous avons mis des mois à extraire des méandres de notre imagination. Cette dernière phase nous sert à polir ce caillou brut pour en faire une gemme étincelante.

Pour me donner le courage de corriger mes premiers jets, je me dis que ça me ferait mal de laisser moisir dans un tiroir un texte sur lequel j'ai peiné pendant presque un an et pour lequel j'ai dû faire des sacrifices pour le mener à bien. Je veux que mes romans soient lus, alors il est hors de questions que je les laisse dans l'obscurité.

Ensuite, laissez reposer le texte (pendant le temps que vous voulez). Ne pas le corriger tout de suite après avoir apposé le mot FIN sur la dernière page permet de prendre du recul, de s'aérer l'esprit pour avoir les idées plus claires et plus fraîches au moment de la correction. Mais ça permet aussi de créer une sorte de manque qui motive à reprendre son premier jet.

Enfin, se rappeler que tous les premiers jets sont merdiques, même ceux des plus grands ! Ça rassure de se remémorer l'article qu'on a lu il y a des années et qui disait que les premiers jets d'Agatha Christie étaient des catastrophes sans nom de phrases trop longues, de fautes de syntaxe et de massacres orthographiques.

Pensez également à limiter vos relectures et corrections à un nombre prédéfini et raisonnable. Votre roman ne sera jamais parfait à vos yeux. Vous y verrez toujours des choses à corriger. Alors mieux vaut vous limiter afin de ne pas passer votre vie à corriger en boucle le même manuscrit.

LA PAGE BLANCHE

Le syndrome de la page blanche, aussi appelé leucosélophobie, est une forme de blocage qui empêche un-e écrivain-e de produire le moindre mot ou d'être satisfait-e par ce qu'il ou elle écrit. Ce blocage ralentit, voire stoppe l'écriture. Ce syndrome est principalement lié au texte lui-même et/ou à l'inspiration. Il peut toucher n'importe quel auteur ou autrice, confirmée ou pas, professionnelle ou pas.

Il peut se traduire, lorsqu'il se prolonge dans la durée, par un abandon du manuscrit ou une période de dépression au cours de laquelle l'écrivain-e perd totalement confiance en lui et en ses écrits.

Pourtant, même si la leucosélophobie est assez facile à définir, en trouver les causes et les solutions est loin d'être chose aisée. Dans les points suivants, j'essaie de détailler le plus d'origines possibles du syndrome de la page blanche, sans pourtant pouvoir vous promettre d'être exhaustive.

Le manque d'inspiration

C'est peut-être la cause la plus connue du syndrome de la page blanche : l'écrivain qui se retrouve devant sa feuille avec l'envie d'écrire (de commencer un projet ou de continuer celui en cours), mais aucune idée ne lui vient, le trou noir.

Ça peut toucher différentes phases :

- La période de préparation du roman : quand on établit le plan, les fiches de personnages et de lieux, etc.

- Un moment particulièrement difficile de l'intrigue : par exemple, quand on met ses personnages dans une situation compliquée et qu'on ne sait pas comment ils vont s'en sortir.

- Ne pas savoir ce qu'il se passe ensuite : il arrive qu'à partir d'un certain moment de l'intrigue, on ne sache pas ou plus ce qu'il se passe après tel passage. Et si on a soigneusement établi un plan avant, il arrive qu'on ne sache plus ce qu'on a voulu dire ou qu'on n'ait plus envie de suivre ce plan.

Comment y remédier ?

Voici dix de mes astuces personnelles pour garder l'inspiration ou la retrouver quand je suis dans une phase de page blanche.

Il s'agit d'inspiration en règle générale, pas uniquement de recherche d'idées en rapport avec un projet défini. En fait, pour être tout à fait précise, je voudrais vous parler de dix astuces qui m'ont permis de conserver l'imagination débordante que j'avais étant enfant.

1. Se plonger dans d'autres univers

Ici, je ne parle pas nécessairement de lecture, mais de tout ce qui raconte des histoires : les films, les séries, les dessins animés, les jeux vidéos, etc.

Ce que j'aime faire après avoir visionné un film ou un épisode, c'est imaginer une histoire parallèle ou de réfléchir à des éléments qui m'ont plu afin de voir si je peux les incorporer à mon histoire en cours ou en faire une nouvelle.

J'aimerais préciser que s'inspirer d'un élément ou d'une partie d'une œuvre n'est pas du plagiat, mais simplement de l'inspiration et qu'il n'y a aucun mal à ça. Le plagiat est une copie de forme et non d'idée, car la Loi considère que les idées appartiennent à tout le monde.

2. Écouter de la musique

Pour les plus mélomanes d'entre nous, la musique est un tremplin pour les émotions et, parfois, pour l'imagination aussi.

Je vous avoue que c'est mon cas. Ainsi, lorsque j'écoute de la musique, quelle qu'elle soit, je laisse mon imagination divaguer au gré des mélodies pour imaginer de grandes batailles épiques, concevoir des plans machiavéliques, inventer de tendres histoires d'amour, etc.

Il existe également des musiques conçues pour augmenter notre créativité et notre concentration. Cet accroissement serait dû, en ce qui concerne ces musiques, à une parfaite alternance de certaines ondes. Je vous avoue que ces musiques-là m'énervent plus qu'elles ne m'aident, mais pourquoi ne pas tenter l'expérience pour vous faire votre propre idée ?

3. La méthode des 5W's

La méthode des 5W's est probablement l'une de celles qui fonctionnent le mieux pour moi. 5W est le nom anglais, le nom français est QQOQCCP.

Cette méthode consiste à se poser différentes questions et d'y répondre afin de construire son récit. Ces questions sont :

- **What** *happened?* (**Que** *s'est-il passé ?*)

- **Who** *is involved?* (**Qui** *est impliqué ?*)

- **Where** *did it take place?* (**Où** *cela s'est-il produit ?*)

- **When** *did it take place?* (**Quand** *cela s'est-il passé ?*)

- **Why** *did that happen?* (**Pourquoi** *cela s'est-il produit ?*)

- La question bonus : **How** *did it happen?* (**Comment** *cela s'est-il passé ?*)

En français, la question combien ? s'ajoute aux précédentes et le dernier P correspond autant à *pourquoi ?* qu'à *pour quoi ?*

Voici un petit tableau récapitulatif pour vous aider :

	Questions	Sous-questions	Exemples
Q	Qui ?	De qui, avec qui, pour le compte de qui...	Responsable, acteur, sujet, cible...
Q	Quoi ?	Quoi, avec quoi, en relation avec quoi...	Outil, objet, résultat, objectif...
O	Où ?	Où, par où, vers où...	Lieu, service...
Q	Quand ?	À partir de quand, jusqu'à quand, dans quel délai...	Dates, périodicité, durée...
C	Comment ?	De quelle façon, dans quelles conditions, par quel procédé...	Procédure, technique, action, moyens matériels...
C	Combien ?	Dans quelle mesure, valeurs en cause, à quelle dose...	Quantités, budget...
P	Pourquoi ?	Cause, facteur déclenchant	Justification par les causes qui ont amené à... (la *raison* d'être, la croyance)
	Pour quoi ?	Motif, finalité, objectif	Justification par le souhait, l'ambition, la prévision...

4. Prendre un bain

Quand je prends un bain, je me retrouve enveloppée dans un cocon chaud et douillet et, de ce fait, propice à la rêverie. La douche m'aide aussi à me laisser porter par mon imagination, mais pas autant que le bain.

Il paraîtrait, également, qu'on est mieux concentré en position couchée qu'assis ou debout...

5. Parler

Énoncer tout haut nos idées nous force à les ordonner pour les énoncer de manière intelligible. Cela permet donc d'y voir plus clair. D'ailleurs, je pense qu'il n'est plus à démontrer non plus que parler tout haut aide à se concentrer.

Toutefois, l'idéal c'est tout de même de discuter, par oral ou à l'écrit, avec quelqu'un qui vous questionne et, ainsi, vous guide dans vos réflexions et vos idées. Je ne compte plus le nombre de discussions que j'ai eues avec mon mari ou avec d'autres écrivains et écrivaines à propos de certains éléments qui coinçaient.

6. Explorer toutes les possibilités

Quand je sens coincée dans mon intrigue ou qu'une nouvelle idée survient, que ce soit en phase de préparation comme en phase d'écriture, j'aime faire ce que j'appelle une arborescence des possibilités.

C'est un exercice que je pratique toujours sous forme de schéma (d'arborescence), dont voici un exemple :

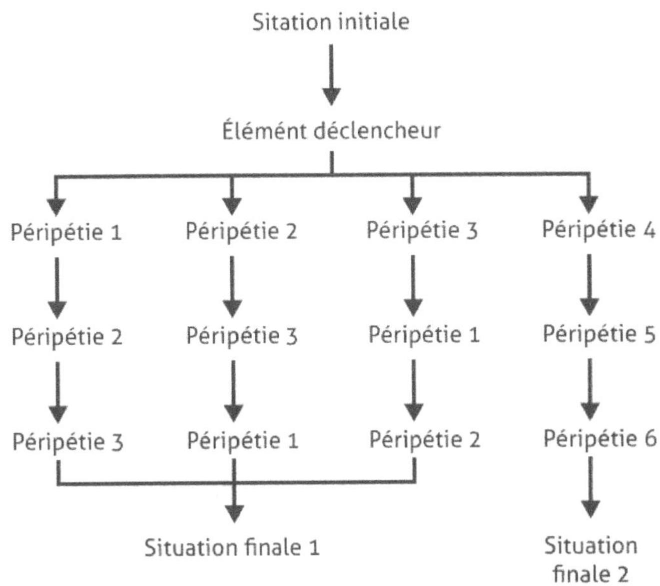

Il s'agit d'imaginer, à l'aide d'un graphe, toutes les combinaisons de toutes vos idées pour voir quelle histoire résulterait de telle ou telle configuration. En réalité, cette approche est tout à fait comparable à la méthode *et si ?* mais sous forme de tableau.

7. Ne pas se brider

Ne vous jugez pas vous-même. Dans votre phase d'inspiration, le but n'est pas de sortir le résumé définitif de votre ou vos histoires, mais bien d'en créer les éléments. Et pour ça, si vous n'y mettez pas un brin de folie, d'interdit et de saugrenu vous n'arriverez nulle part. N'oubliez pas que ce qui est dans votre tête y reste et n'en sort pas à moins que vous le vouliez. C'est la même chose dans le cas où vous consigneriez vos pensées dans un carnet : si personne ne va le lire, personne ne saura ce qu'il y a dedans. Ainsi, vous ne serez pas jugé-e par les autres, alors, ne mettez pas de bâtons dans vos propres roues : ne soyez pas votre juge à cette étape-là de la création. Vous ferez le tri plus tard.

N'oubliez pas : *Le ridicule ne tue pas. Ce qui ne tue pas nous rend plus forts. Donc, le ridicule nous rend plus forts !*

8. Faire un trésor d'inspiration

Le principe consiste à se constituer un trésor de photographies, de poèmes, de dessins, d'extraits de romans, de scènes de films, de musiques, de vidéos YouTube, etc. qui vous inspirent, vous donne envie de créer, de raconter des histoires et d'aller y piocher régulièrement ou de temps en temps pour se ressourcer.

Il peut prendre l'aspect que vous voulez : un vrai coffre de pirate, une boîte à gâteaux, un dossier sur votre pc, un tableau sur Pinterest, etc. Personnellement et à l'heure actuelle, j'ai choisi la dernière option, mais quand j'étais adolescente, j'avais un classeur avec des images et des citations.

9. Faire du moindre événement une histoire

À l'instar de Walter Mitty, prenez le temps d'observer ce qui vous entoure et de vous *déconnecter* quelques instants, le temps d'imaginer où va cette dame, pourquoi ce monsieur sourit, quel est le livre préféré de ce petit garçon, et si cette petite fille était en réalité une chevalière jedi…

Et, à la manière d'un enfant, émerveillez-vous de tout !

10. *Lire*

À l'inverse du point un, ici, il s'agit plus de s'inspirer de scènes précises ou de tournures particulières, une inspiration de forme plutôt que de fond. Il m'est déjà arrivé de me retrouver bloqué-e parce que je ne savais pas comment écrire une certaine scène. Pour me débloquer, je suis allée relire plusieurs passages de romans différents qui traitaient de ce sujet pour voir comment les auteurs s'en sont sortis.

Mais il ne faut pas attendre que le problème se présente pour lire. Dévorer des bouquins est également une bonne prévention du problème.

Le trop-plein d'inspiration

C'est sûrement l'autre cause la plus connue du syndrome de la page blanche : avoir tellement d'idées qu'on finit par ne plus savoir laquelle choisir. Le trop-plein d'inspiration peut toucher exactement les mêmes phases que le manque d'inspiration.

Comment y remédier ?

Mon astuce dans ces cas-là, c'est de tout écrire sur des fiches (type fiches bristol ou des feuilles A4 que vous aurez découpées en 4 ou encore sur du papier brouillon) ou sous forme de liste dans un cahier. Dans tous les cas, restez synthétiques : résumez vos idées en deux phrases maximum. – *Pour ma part, je ne mets que des mots-clés, du type : détour, bateau, Mélanie, 4 jours.*

Et regardez les options qui semblent :

- les plus logiques pour vos personnages : si vos personnages on le choix entre faire le voyage à pied et devoir payer une traversée en bateau alors qu'ils n'ont pas un sou en poche et/ou que l'un-e d'entre eux a peur de l'eau, préférez le voyage pédestre (ou créer un autre moyen de payer la traversée ou de les faire embarquer clandestinement).

- les plus logiques pour votre univers ou le contexte de votre histoire : si les voyages en bateau sont réservés à une certaine catégorie de personnes, ne faites pas embarquer vos personnages sans une bonne raison (rapidité, espionnage, récupérer un objet ou une information...).

- celles qui offrent le plus d'opportunités pour votre intrigue : si la traversée en bateau est possible, mais qu'elle n'offre aucune possibilité de rebondissements, alors choisissez le voyage à pied.

- Celles qui vous plaisent le plus parmi celles qui restent.

N'hésitez pas à établir une arborescence des possibilités pour voir où vos idées vont vous mener.

Si vous débordez vraiment d'idées, pesez les pour et les contre pour savoir si vous pouvez les intégrer à votre récit ou pas. Si vous ne le pouvez pas, notez-les dans un carnet et oubliez-les jusqu'à ce que vous ayez terminé votre projet en cours.

La lassitude

Comme expliqué dans le chapitre *Le syndrome du milieu*, il arrive que, en cours d'écriture, on se lasse d'un projet, qu'on n'ait plus envie de l'écrire ou bien qu'on aille jusqu'à douter de son bien-fondé, de sa raison existentielle. La lassitude survient en général à partir de la moitié d'un projet, mais peut survenir bien avant ou bien après. J'ai déjà vu des copains et copines de plume laisser tomber un roman alors qu'ils arrivaient à la phase de résolution de l'intrigue.

En général, on se lasse d'un projet parce que :

- On est dessus depuis trop longtemps : c'est un problème récurrent avec les projets qu'on met une éternité à écrire. Au bout d'un moment, on ne sait plus le voir en peinture ou, tout simplement, on a grandi, changé, évolué parce que l'on a pris de l'âge et les thèmes et les personnages ne nous parlent plus.

- On n'est plus en accord avec ce qu'on voulait faire au début : quand on commence un projet, on est, en général, très enthousiaste, pourtant il arrive qu'au fil de l'écriture on se rende compte que ce projet ne nous plait plus. Ça peut être dû au sujet qui n'est pas/plus intéressant ou dont on a vite fait le tour ou au contraire qui s'avère beaucoup plus complexe que prévu, ou encore à une envie d'écrire autre chose que ce qu'on est en train d'écrire (par exemple, on commence à écrire un polar et, finalement, on a plutôt envie d'écrire de la SF).

- On n'aime plus ses personnages : parfois, nos personnages finissent par nous énerver parce qu'ils sont trop comme ci ou pas assez comme ça.

- On a lu trop d'histoires dans le même genre que celle qu'on est en train d'écrire et on trouve que la nôtre n'apporte rien de plus à ce qui a déjà été fait.

Comment y remédier ?

Je vous conseille d'abord de ne pas culpabiliser quand cela arrive. Au risque de vous surprendre, les écrivain-e-s sont des êtres humains comme les autres dont les humeurs, les goûts et les envies changent au fil du temps. C'est comme ça et on n'y peut rien.

Donc si à un moment vous avez envie de remiser votre projet inachevé pas terminé dans un fond de tiroir, faites-le, mais ne le jetez pas ! Peut-être que dans un avenir plus ou moins proche, vous aurez envie de le reprendre. Qui sait ?

Ensuite, ne traînez pas pour écrire vos romans. Si c'est le temps qui vous pose problème, n'attendez pas qu'un créneau horaire hebdomadaire se libère miraculeusement dans votre emploi du temps, parce que ça n'arrivera jamais ! Créez-le ![7]

---

7. Voir le chapitre *Dix conseils pour commencer.*

Si ce sont vos personnages qui vous ennuient, alors recréez-les. Écrire un roman, c'est se prendre pour Dieu : vous êtes seul-e maître-sse à bord ! Si vous avez envie de changer vos personnages, faites-le. D'ailleurs, si vous avez envie de tout réécrire, faites-le aussi. Le plus important, c'est que votre livre vous plaise à vous d'abord, il faut que vous vous y sentiez bien.

Et pour finir, dans le cas où vous trouveriez que votre roman n'apporte rien de plus à ce qui a déjà été écrit, j'ai envie de vous dire « Et alors ? »

Rappelez-vous qu'un roman qui n'est pas terminé peut encore changer du tout au tout. À la correction, vous pourriez très bien avoir une idée de génie qui fera de votre manuscrit le prochain bestseller intemporel de son genre. Et si ce n'est pas le cas, prenez-le alors comme un exercice de style : écrivez-le jusqu'au bout pour pouvoir dire fièrement que vous avez écrit un livre et, ensuite, tirez les leçons de vos erreurs (de style, de fond, de forme, de gestion du temps d'écriture, etc.).

Si lire pendant vos phases d'écriture vous déprime, alors ne lisez pas ou lisez autre chose (d'autres genres, des essais, des Bds...).

Le changement d'idée

Ça rejoint un peu la lassitude, à ceci près qu'il s'agit ici d'un changement que vous avez envie d'opérer dans l'intrigue de votre projet en cours. Il arrive que l'on soit bloqué parce que, en cours d'écriture, l'idée même du projet évolue du tout au tout. Cette nouvelle idée survient, en général, d'un élément de votre projet en cours, quelque chose qui s'est développé tout seul dans votre esprit et contre lequel vous n'avez rien pu faire.

Cette envie de changement est, la plupart du temps, une envie de modifier de l'intrigue principale ou d'une des intrigues secondaires. Il ne s'agit pas de simplement changer la couleur préférée de votre personnage principal.

Cette envie de modification peut amener un blocage tout simplement parce qu'on se retrouve à hésiter et à douter. À se demander si c'est une bonne idée de changer, si on a vraiment envie que notre projet change (autant), comment intégrer ces changements, s'il faut tout reprendre depuis le début...

Toutes ces interrogations peuvent avoir la très fâcheuse tendance à nous bloquer la tête. Ce qui peut aussi nous bloquer, c'est le découragement de devoir tout reprendre.

Comment y remédier ?

Ce que je vous conseille, ce serait de garder votre première version intacte et de commencer à développer les changements que vous voulez dans une nouvelle version. Mais ne vous lancez pas dans l'écriture tête baissée. Commencez par faire un plan, par reprendre toute votre structure narrative pour voir comment intégrer vos nouvelles idées, les changements dans l'intrigue, l'ajout ou le retrait de personnages, etc. Quand on change un projet de fond en comble, il faut le reprendre presque comme si on créait un nouveau projet.

Ensuite, ne vous découragez pas ! Ne voyez pas ça comme si vous deviez faire machine arrière, voyez ça comme un nouvel élan. Nous savons toutes et tous qu'au bout d'un certain temps de travail sur un même projet, on s'essouffle parce qu'on perd cet attrait de la nouveauté. Donc, voyez ces changements comme un nouveau souffle de fraîcheur et de nouveauté. Je suis certaine que lorsque vous avez eu ces nouvelles idées, vous êtes entré-e-s dans cet état de fébrilité dans lequel nous rentrons toutes et tous quand nous sommes touché-e-s par la Muse. Gardez en mémoire cette fébrilité et conservez-la le plus longtemps possible.

Le problème scénaristique non identifié

Cette expression, que j'aime beaucoup, me vient d'une abonnée.

Il s'agit là d'un blocage dû à l'intrigue : on sait qu'un truc ne tourne pas rond, mais quoi ?

On est incapable d'écrire la suite parce qu'on sait qu'il y a un problème dans notre intrigue, mais on ne sait pas lequel ou alors on le sait très bien, mais on vit dans le déni total. Ça peut être un problème dans ce qui a déjà été écrit, dans ce que vous êtes en train d'écrire ou dans ce que vous n'avez pas encore écrit.

Comment y remédier ?

Pour moi, la meilleure des choses à faire dans ce cas-là est de se poser et de revoir son plan en parallèle de ce qu'on a déjà écrit et de se poser des questions comme :

- Ce passage est-il intéressant/logique pour l'histoire ?

- Mon problème est-il dû à une situation trop/pas assez compliquée dans laquelle j'ai mis mes personnages ?

- Ce passage est-il vraiment cohérent avec mon histoire/mon univers/mes personnages ?

- Ne devrais-je pas abréger/sauter le passage en cours d'écriture qui me pose des problèmes et y revenir plus tard ?

- Ce passage ne peut-il se dérouler différemment/être supprimé ?

- À cet endroit de l'intrigue, il devrait peut-être se passer ça.

- ...

Quelques conseils de plus

J'aimerais terminer ce chapitre en vous partageant quelques conseils un peu plus généraux.

La documentation

Les recherches constituent une ou plusieurs étapes importantes dans la construction de votre récit. Il se peut que, parfois, vous n'ayez pas fait de recherches suffisantes pour pouvoir parler correctement d'un sujet dans votre roman.

Dans ces cas-là, il n'y a aucune honte à faire une pause dans l'écriture pour aller compléter vos données.

Le manque de préparation

Un minimum de préparation est indispensable pour réussir à écrire un roman. Cette phase est souvent négligée par les jeunes auteurs et autrices fougueux/-ses qui préfèrent foncer tête baissée sans même un semblant de plan et ça peut leur être fatal (enfin pour leurs écrits, pas pour eux).

Si on n'a rien préparé, il arrive toujours un moment où l'on bloque. Alors, soit on fait une pause dans l'écriture et on retravaille son plan, soit on laisse tomber et c'est bien dommage.

Prenez le temps de réfléchir

Parfois, certain-e-s paniquent quand ils ou elles ne parviennent plus à écrire.

Alors que, pour moi, la première des choses à faire quand on bloque, c'est se poser et se demander d'où vient le problème, de prendre le temps de la réflexion. Trouver la source du problème, c'est déjà l'avoir résolu à moitié.

Discuter avec d'autres personnes que vous-même

Je ne le répéterai jamais assez.

Présenter ses problèmes à haute voix permet d'une part de les clarifier pour soi-même, mais aussi de lever le nez de son guidon en demandant l'opinion d'une autre personne.

Personnellement, je parle beaucoup de mes projets d'écriture à mon mari. Cela me permet d'avoir une première opinion *extérieure* par rapport à mes idées, mais aussi d'avoir des suggestions quand j'ai l'impression d'être dans une impasse. Et aussi d'énoncer mes idées tout haut et de me rendre compte par moi-même qu'elles sont parfois vraiment saugrenues !

Écrivez !

Si je devais ne vous donner qu'un seul conseil, ce serait celui-là.

Quoi qu'il n'arrive, ne vous arrêtez pas d'écrire, jamais ! Même si ce n'est pas pour votre projet, même si ce n'est pas de la fiction, écrivez ! Exercez-vous pour ne pas perdre vos mots, continuez à travailler la synthèse de vos pensées en les écrivant (que ce soit des mails, des articles de blog, des posts Facebook, etc.). Les réflexes de chercher et de trouver ses mots se perdent très vite.

Je voudrais clore ce chapitre en vous partageant un très beau texte écrit par Michel Cordeboeuf (auteur-compositeur-interprète) à propos de la page blanche.

CORDEBOEUF, Michel. « La page blanche », 7 à Poitiers. N° 391 (7 mars 2018), p. 7

La page blanche

J'aime la page blanche, cet océan des possibles, cette terre infinie et invitative. Des mots attendent, tapis dans les coulisses de mon imagination et espèrent la lumière pour exister. Certains resteront endormis entre deux ratures, sans jamais aller plus loin. D'autres, a contrario, vivrons une épopée hors du commun. Leur destin est ainsi. Des idées naissent pour mourir aussitôt, bousculées par d'autres qui semblent plus présentes, plus abouties, promptes à la rencontre avec les lecteurs.

J'aime la page blanche. J'y griffonne des mots sans importance, des idées saugrenues, des théories improbables, des sentiments divers, un chapitre de roman, une ébauche de conte... Une chanson s'installe avec ses rimes et un refrain entêtant ou un texte dont la force, déjà sous-jacente, jaillit comme la lave d'un volcan dans une belle et juste énergie. Cette écriture-là, je l'oublie et, un jour, je la reprends. Je laisse toujours du temps au temps. Et quand je redonne vie à un texte endormi, je le perçois et l'appréhende avec un nouveau regard.

Romans, contes ou chansons passent ainsi de l'ombre à la lumière. Combien seront ensuite lus par d'autres regards comme une résonance ? Il m'arrive d'évoquer avec d'autres auteurs l'angoisse de la page blanche, cette leucosélophobie tant redoutée. Chacun la vit selon sa personnalité et son vécu. Quand le manque d'inspiration prend toute la place, la page reste blanche seulement un peu plus longtemps. Le Regard dans 7 à Poitiers est un excellent exercice d'écriture. Une fois le sujet cerné, c'est un cheminement passionnant auquel je me plie avec délice en espérant toucher le lecteur.

D'où vient l'inspiration ? C'est une question à laquelle il m'est difficile de répondre. Les origines en sont variées, un thème que je veux développer, les surprises de la vie, un voyage, une lecture... Quoi qu'il en soit, le premier jet est un pur moment de bonheur. Foisonnement d'idées et de rebondissements. Je laisse alors glisser ma plume tout en lui laissant croire qu'elle mène le pas. Ma page ne reste jamais blanche très longtemps. La vie s'y grave fragile, joyeuse, austère ou légère. Toutefois, cette page-là n'est blanche qu'en apparence car bien avant que les mots ne la recouvrent, elle est déjà animée par les couleurs du monde et permet de voguer vers des sensations jusqu'alors insoupçonnées. La vie propose beaucoup de pages blanches. A nous de les écrire selon nos souhaits et nos convictions pour créer une forte et sincère humanité. Les mots demeurent des liens infrangibles entre les êtres.

Michel Cordeboeuf

LE TEMPS

Comme précisé dans le chapitre *Dix conseils pour commencer*, le temps est un problème récurrent chez les jeunes écrivains et écrivaines.

Dans ce chapitre, je vous donne trois conseils pour trouver du temps pour écrire, et ce, quelle que soit votre situation professionnelle et familiale :

1. Faites de l'écriture une priorité

En vérité, l'excuse « je n'ai pas le temps » n'est qu'une manière de dire « je n'ai pas envie d'en faire une priorité » ou « je n'ai pas envie de regarder mon planning et je crois ne pas avoir de temps ».

Donc, si vous souhaitez vraiment écrire votre livre, il faut que vous preniez l'écriture au sérieux et que vous en fassiez une priorité. Quitte à faire des sacrifices pour faire passer l'écriture avant d'autres choses.

En revanche, si vous ne souhaitez pas en faire de l'écriture une priorité, il n'y a aucun problème ! Je ne suis pas là pour vous dire qu'il faut que vous écriviez à tout prix. Chacun a ses priorités et si l'écriture n'en est pas une pour vous (ou n'en est pas une pour l'instant), c'est très bien ! Mais soyez au moins honnête envers vous-même.

2. Planifiez votre temps

Nous savons qu'il ne s'agit que d'une paraphrase pour vous conseiller de prendre rendez-vous avec vous-même (conseil n° 3 du chapitre *Dix conseils pour commencer*), mais c'est vraiment important.

N'attendez pas de trouver le temps d'écrire, car vous ne le trouverez jamais. Il faut le *prendre*. Et pour ce faire, le meilleur moyen est de bloquer des plages horaires dans son planning.

N'attendez pas non plus de trouver des plages qui doivent systématiquement durer entre une et deux heures d'affilée parce qu'une légende urbaine ou une croyance personnelle veut qu'on ne soit réellement efficace qu'en écrivant une ou deux heures d'affilée. C'est totalement faux. En vérité, votre cerveau s'adapte. Si vous n'avez que vingt minutes pour écrire, votre cerveau apprendra à être efficace durant ces vingt minutes.

Cette fausse croyance est une autre raison qui vous fait penser que vous n'avez pas le temps d'écrire.

Vous écrirez davantage en vous réservant trois séances de vingt minutes par semaine qu'en écrivant trois fois deux heures pendant vos vacances. Si vous voulez, nous pouvons le calculer ici et maintenant pour vous le prouver :

- Si vous écrivez 3×20 minutes par semaine pendant un an. Retirons 3 semaines (pour les vacances, les examens si vous cela vous concerne encore et pour les causes *autres*). Cela fait : $3 \times 20min \times 49$ semaines = 49 heures d'écriture par an.

- Si vous écrivez 3×2 h par période de vacances en un an. Considérons 6 périodes de vacances : Carnaval, Pâques, juillet, août, Toussaint et Noël (en sachant que nous savons toutes et tous qu'il y a peu de chance de trouver 3×2 h d'écriture pendant les fêtes de fin d'année, mais admettons). Cela fait : 3×2 h $\times 6 = 36$ heures d'écriture par an.

Dans cette situation, vous perdez donc 13 heures de travail. Et ça, c'est sans compter le fait que vous perdrez du temps à vous remettre dans le bain, à faire le point sur où vous en êtes et ce qu'il vous reste à écrire. En réalité, vous perdez davantage que 13 heures.

3. Soyez régulier ou régulière

Alors, oui, dans un monde idéal et parfait chaque écrivain et écrivaine écrit au moins deux heures d'affilée par jour et tous les jours, du lundi au dimanche.

Mais ça, c'est dans un monde fantasmé où les licornes existent et où les dragons sont en barbe à papa.

Dans la vraie vie, on écrit dès qu'on a cinq minutes, parfois sur le pot, et on essaie de souffler au moins un jour par semaine (parfois même le samedi et le dimanche) parce que notre histoire et nos personnages nous épuisent. Et que, même, si l'écriture est un métier-passion, les passionnés ont aussi besoin d'un weekend !

La régularité ne signifie pas écrire tous les jours, mais écrire selon une habitude. Écrire tous les mercredis de 13 h à 13 h 20, c'est être régulier. Écrire tous les jeudis de 19 à 20 h et un samedi sur deux de 9 h à 9 h 20, c'est être régulière.

L'important n'est pas la quantité de sessions dans votre semaine, mais la qualité de ces dernières. Et pour avoir des sessions de qualité, il faut faire de l'écriture une habitude. Dès que l'habitude sera installée, vous parviendrez à vous mettre en condition pour écrire plus rapidement à chaque début de séance et vous serez plus efficaces.

Bien entendu, vous aurez toujours des *jours sans* et c'est normal. Ne paniquez pas ou ne culpabilisez pas : ça arrive à tout le monde, même aux meilleurs. Ne changez rien parce que vous avez eu une session moins bonne que les autres. Vous ferez mieux à la prochaine.

4. Se créer une routine

Avec la régularité, la routine est sûrement la deuxième meilleure amie de l'écrivain-e. Une routine, c'est une succession d'actions répétées toujours dans le même ordre qui va vous aider à vous mettre en condition pour écrire.

La régularité et la routine (aussi appelée rituel par certain-e-s) sont les deux éléments prépondérants pour permettre à votre cerveau à se conditionner pour écrire. C'est un peu comme si vous installiez un interrupteur pour passer du mode *normal* au mode *en cours d'écriture*. Interrupteur qui enclenchera un mode de fonctionnement précis de votre cerveau qui vous permettra d'être moins enclin-e aux distractions et à céder aux tentations de faire autre chose. Vous serez également plus efficace et plus concentré-e.

5. Le Temps, ami et ennemi

J'aimerais finir ce chapitre en vous partageant l'article de *L'Abécédaire de l'écrivain*[8] à propos du temps :

Le temps est le pire ennemi et le meilleur ami des écrivains et des écrivaines.

Le pire ennemi, car on a l'impression qu'on en manque en permanence. Que l'on doit sans cesse se battre contre la pendule pour trouver le temps d'écrire. Que nos sessions d'écriture sont toujours trop courtes (ou parfois trop longues). Qu'on n'aura jamais le temps d'écrire toutes ces histoires qui nous trottent dans la tête. Qu'on ne prend pas le temps de décrire telle scène correctement ou, au contraire, qu'on prend trop de temps pour la décrire.

---

8. *L'Abécédaire de l'écrivain* vous est envoyé gratuitement dès que vous vous inscrivez à mon infolettre de conseils d'écriture : https://www.prom-auteur.com/inscription-newsletter-ecriture

Mais il est notre meilleur ami, car il nous permet de laisser mûrir nos projets, de nous laisser le temps de poser nos réflexions avant de poser nos mots. Lorsque l'on a terminé un roman (après avoir vaincu la pendule), il nous offre la possibilité de laisser reposer notre histoire pour que nous puissions la relire après un temps de recul avant d'entamer les corrections.

Quand on dit qu'il est important de prendre le temps d'écrire, cela signifie autant qu'il est indispensable de s'imposer un horaire et une régularité dans nos sessions d'écriture, mais également que nous ne devons pas nous précipiter. L'écriture est un art complexe de l'équilibre entre empressement et réflexion.

Légitimité, imposture et doutes

Nombre d'écrivains et d'écrivaines ressentent un sentiment de ne pas être à leur place au sein d'une communauté d'écrivain-e-s. Souvent, ils et elles se posent de nombreuses questions quant à leur légitimité à écrire des romans. Et même à oser se dire écrivain ou écrivaine !

Les doutes quant à leur droit de se qualifier d'écrivain ou d'écrivaine les accablent. Les doutes par rapport à la qualité de leurs textes leur tordent l'estomac. Quand on complimente leurs écrits, ils et elles rentrent la tête dans les épaules, expirent un « merci » du bout des lèvres et roulent des yeux paniqués, craignant (ou espérant) voir surgir un diable qui les battrait de son gourdin en hurlant à l'imposture.

Vous vous reconnaissez ?

Pourtant, vous n'êtes ni un imposteur, ni illégitime, ni nulle !

Avant d'aller plus loin, j'aimerais préciser que je n'aime pas parler de *syndrome* de la page blanche ou de l'imposteur, car un syndrome est d'abord et avant tout un ensemble de symptômes médicaux caractérisant un état pathologique. Je trouve que le terme de syndrome donne un côté insoluble, comme une fatalité irrémédiable, alors que c'est faux. Je préfère donc parler de *complexe de l'imposteur* et de *page blanche*, comme vous l'aviez sans doute remarqué. En revanche, je parle du *syndrome du milieu* parce que le *complexe du milieu* ne parle à personne.

Légitimité et imposture

J'ai séparé le complexe de l'imposteur des doutes, car on peut être sujet aux seconds sans éprouver le premier. C'est mon cas, par exemple[9].

On remet en cause notre légitimité à écrire quand on se pose ce genre de questions :

- Pour qui je me prends pour vouloir écrire un roman ?

- Suis-je légitime pour écrire un livre ?

- Ai-je vraiment le droit d'être édité-e/d'écrire un livre ?

- Suis-je assez doué-e ?

- Suis-je assez expérimenté-e pour écrire un livre ?

- Suis-je vraiment fait-e pour être écrivain-e ?

---

9. Je n'ai jamais remis en doute ma légitimité à écrire, mais j'ai éprouvé ce complexe dans d'autres domaines de ma vie, notamment dans mes vies professionnelle, personnelle et même amoureuse ! Je ne suis pas un OVNI, rassurez-vous.

- Comment pourrais-je me démarquer face à tous ces bestsellers et ces auteurs et autrices à succès ?

- Pourquoi les gens achèteraient mes livres au lieu de ceux d'auteurs plus connus ?

- ...

Le complexe de l'imposteur ou de l'imposteresse est également marqué par une sensation de ne pas être à sa place (au sein d'un groupe d'auteur, sur un forum, sur une plateforme d'écriture... parce que vous trouvez que les autres sont meilleur-e-s que vous). C'est aussi lorsque l'on vous fait des compliments sur votre roman et que soit vous trouvez des excuses (c'est de la chance, on est trop gentil avec moi, c'est pour m'encourager...), soit vous n'y croyez tout simplement pas (on me complimente, mais c'est parce qu'on ne s'y connait pas assez ; on ne sait pas vraiment de quoi on parle quand on me dit que c'est bien...).

Pourtant, si vous écrivez, que cette passion pour la création littéraire vous dévore et que vous ne cherchez qu'à la partager avec d'autres passionné-e-s, vous êtes à votre place. Les écrits des autres ne sont sûrement pas meilleurs que les vôtres, c'est sûrement vous qui n'avez pas confiance en votre écriture. Et même si c'était vrai, même si les textes des autres étaient meilleurs que les vôtres, qu'est-ce que ça change ? Vos histoires seront peut-être moins lues, moins bien notées par les lecteurs et lectrices et c'est tout. Cela ne vous retire en rien le droit de publier et d'être lu-e. Vous devrez peut-être juste travailler davantage pour vous améliorer.

Quant à la qualité de votre texte, vous n'avez tout simplement pas le droit de juger les capacités de vos lecteurs et vos lectrices à comprendre et apprécier votre roman. Si vous estimez qu'ils et elles ne sont pas assez calé-e-s pour vraiment voir les défauts de votre récit, vous les prenez pour des imbéciles, ni plus ni moins. De même, vous ne pouvez pas remettre en doute leurs ressentis, c'est beaucoup trop subjectif. Si votre roman plait davantage à l'un ou l'une de vos lectrices, c'est probablement parce qu'il lui parle plus, parce qu'il touche des cordes sensibles que des romans de grands auteurs et autrices ne font pas vibrer. Ce sont des aspects de l'écriture que vous ne pouvez ni prévoir ni remettre en cause.

Rappelez-vous aussi que si on apprécie votre texte, c'est qu'il est bon. Et si votre texte est bon, ce n'est pas le fruit du hasard ni de la chance. C'est juste l'expérience.

Il faut savoir que ce complexe n'est pas irrémédiable. Ces complexes sont avant tout des systèmes de pensées et de croyances qui peuvent être modifiés afin de s'en débarrasser. Il est donc indispensable de retrouver une certaine confiance en soi et de prendre conscience de la valeur réelle de ses compétences.

Pourtant, en quoi suis-je légitime pour vous parler de quelque chose que je ne connais pas ? Suis-je une imposteresse[10] si je vous parle du complexe de l'imposteur ? Suis-je imbue de moi-même parce que je ne doute pas de ma légitimité ?

J'aime à croire que non. Comme je vous l'ai dit, je n'ai jamais douté de ma légitimité à devenir écrivaine et autrice, mais cela ne m'a pas empêché de me poser les mêmes questions que celles citées juste avant.

Si je me suis toujours sentie dans mon droit à devenir écrivaine, c'est probablement parce que, quand je me suis lancée, je ne me suis pas posé de questions. Ou plutôt, j'ai posé la question à mes parents. Quand, à huit ans, je leur ai demandé si j'avais le droit d'écrire des livres, ils m'ont tout simplement répondu : « Bien sûr ! » Et je me suis lancée.

Mes questionnements sont arrivés plus tard, pendant l'adolescence, période où l'on doute déjà naturellement, mais aussi où l'on découvre tous ces « grands auteurs qui font la Littérature avec un grand L ». Pour qui me prenais-je pour croire qu'un jour je pourrais vivre de ma plume ?!

Je pense que d'avoir la décision à huit ans de devenir écrivaine et de vivre de mes écrits l'a ancrée en moi. Cela m'a beaucoup aidée à surmonter doutes et mes questionnements quant à ma légitimité. Mais ce sont surtout ces trois réflexions qui m'ont permis d'échapper au complexe de l'imposteresse et qui sont devenues mon crédo d'écrivaine :

____

10. *imposteresse* est le féminin historique de *imposteur* ; *Lexique de l'ancien français* de Frédéric-Eugène Godefroy ; Paris, 1890 ; https://fr.wikisource.org/wiki/Page%3AGodefroy_-_Lexique_(4).djvu/45

1. Même les grands ont commencé petit.

Balzac, Maupassant, Hugo, Nothomb, Tolkien, Martin, Levy, Musso, Thilliez, Vargas, Duras et tous ces autres auteurs et autrices que l'on adule aujourd'hui ne sont pas né-e-s avec la science infuse. Personne ne naît avec la science infuse. Eux et elles aussi ont dû apprendre à écrire, à composer des phrases, à étoffer leur vocabulaire, à apprendre la grammaire, à affirmer leur style, à trouver leur voix. Je pense que s'il était possible de naître avec un Bescherelle, un Grevisse et un Larousse dans le ventre, ça se saurait.

Alors oui, vous êtes peut-être un débutant ou une débutante, mais en travaillant et en vous exerçant – en écrivant, en somme ! – vous ne le serez plus. Au fil de vos écrits, vous passerez de débutant-e à expérimenté-e puis à confirmé-e.

Hugo n'a pas écrit Les Misérables à cinq ans et si Mozart était un virtuose à huit, c'est parce qu'il a baigné dans la musique dès sa conception. Le talent inné n'existe pas. Les seules choses qui comptent, sont votre envie de raconter des histoires, votre volonté d'apprendre à les raconter et votre persévérance à continuer malgré tout.

2. Tout le monde a le droit d'écrire et de raconter ses propres histoires.

Pourquoi, objectivement parlant, n'auriez-vous pas le droit de raconter vos histoires, alors que les autres le peuvent ?

Vos histoires ne sont pas moins bonnes que celles des autres. Les leurs ne sont pas plus « légitimes ». La seule différence : les leurs sont écrites et publiées ; les vôtres pas encore.

3. Nous avons tous quelque chose à dire et nous sommes les plus légitimes pour porter nos idées.

Personne ne peut raconter vos histoires mieux que vous-même, avec vos propres mots et vos propres émotions. Vous êtes les plus légitimes pour raconter vos propres histoires.

Vous êtes uniques et vos romans le seront aussi.

Comme le dit si bien Asha Dornfest : *I think new writers are too worried that it has all been said before. Sure it has, but not by you.*[11]

C'est également cette voix unique qui est la vôtre qui vous permettra de trouver votre public et de vous démarquer des autres, y compris des *grands*.

Arrêter de magnifier le titre d'écrivain

Une autre erreur souvent commise : considérer les termes *écrivain* et *auteur* comme des sortes de titres sacrés

____

11. Je pense que les nouveaux écrivains s'inquiètent trop de ce qui a déjà été écrit. Bien sûr que ça l'a déjà été, mais pas par toi.

inaccessibles. Il n'y a besoin d'aucune validation divine pour avoir le droit de se dire écrivain ou auteur. D'ailleurs, une fois qu'on accepte de se donner ces titres, on se rend compte qu'ils n'ouvrent aucune porte d'aucun paradis, que personne ne déroule de tapis rouge devant vous, que votre petit-déjeuner a toujours le même goût et que l'encre pour votre imprimante coûte toujours aussi cher.

Un écrivain ou une écrivaine est une personne qui écrit. Un auteur ou une autrice est une personne qui a écrit.

Ce n'est pas le nombre de livres écrits, d'exemplaires vendus ou celui qui s'affiche sur votre compte en banque qui fait de vous un écrivain ou une écrivaine. C'est votre amour pour les histoires et le fait que vous les écriviez.

Se poser les bonnes questions

Au lieu de vous interroger à propos de votre légitimité, de votre droit d'écrire, de votre place dans le monde littéraire, etc., il y a d'autres questions que vous pouvez vous poser et qui, elles, vous aideront vraiment à avancer.

Sur le site PasseportSanté.net[12], j'ai trouvé une série de questions que je trouve des plus pertinentes et je les ai adaptées à l'écriture. Elles vous aideront à retrouver confiance en vous et à connaitre votre valeur. En revanche,

____

12. https://www.passeportsante.net/fr/psychologie/Fiche.aspx?doc=syndrome-imposteur

il est impératif d'y répondre avec le plus d'objectivité possible :

1. Qu'est-ce qui me rend unique ?

2. Quels sont mes principaux talents ?

3. Mes écrits sont-ils en lien avec ce talent ?

4. Mes écrits sont-ils cohérents avec mes valeurs ?

5. Quelles ont été mes dernières réussites ?

Pour conclure ce point : que vous soyez en apprentissage ou plus expérimenté-e, tant que vous écrivez et partagez avec sincérité, vous serez toujours légitime.

Doutes

Si le sentiment d'imposture m'est plutôt étranger, les doutes en revanche, eux, m'assaillent constamment. Et je sais qu'ils sont problématiques pour beaucoup de personnes. D'ailleurs, c'est le doute qui engendre le sentiment d'illégitimité et d'imposture.

Ils découlent surtout de notre perfectionnisme, d'un manque de confiance en nous, de notre peur de déplaire et de notre peur de l'échec. On a peur de ne pas faire assez bien ou l'impression de. On se demande si ce qu'on écrit en vaut vraiment la peine. On veut que tout soit parfait et, même si on sait que l'on n'y arrivera jamais, on continue tout de même à rechercher la perfection, quitte à stagner dans la rédaction ou à ne jamais oser proposer notre roman à lire à d'autres.

C'est une excuse que j'ai entendue très souvent de la part de jeunes écrivains et écrivaines qui, d'un côté, espèrent des retours pour s'améliorer, mais, de l'autre, n'osent pas montrer ce qu'ils et elles écrivent parce que « ce n'est pas parfait ». Ça me rappelle le paradoxe des personnes qui font le ménage avant l'arrivée de la femme de ménage...

En vérité, ce ne sont pas les doutes le problème. Avoir des doutes, c'est normal[13] et c'est même sain. Le problème, c'est l'immobilisme, voire la paralysie qu'ils peuvent causer. En effet, les doutes vont créer une peur[14] et nous allons finir par nous complaire dans cette peur pour ne pas avancer dans nos projets. La peur est devenue tellement intense et familière qu'elle finit par devenir habituelle et que, parfois, on finit même par avoir peur de vivre sans. C'est à ce moment que l'on peut s'autosaboter et échouer par anticipation. Vous savez le fameux : « Je savais que je n'en étais pas capable. »

Les doutes surviennent également lorsque l'on se compare aux personnes qui ont réussi. Ces personnes ne montrent, en général, que le positif ou, en tout cas, en grande majorité[15]. Cette image glorieuse de réussite en

---

13. Notre cerveau est programmé pour assurer notre survie et donc pour nous empêcher d'enclencher des changements. Or, l'écriture – surtout un premier roman – est un changement.

14. De l'échec ou du rejet.

15. Personnellement, je ne montre jamais mes doutes ou mes questionnements sur les réseaux sociaux parce que je veux montrer une image de moi comme étant quelqu'une de sérieuse et

toute circonstance donne l'impression que c'est facile de réussir. Qu'un livre s'écrit les doigts dans le nez et les pouces dans le fromage, comme dirait ma grand-mère. Beaucoup pensent que c'est facile pour les autres et que ce n'est pas normal que ce soit si difficile pour eux.

Or, c'est faux. Si vous avez lu des livres d'écrivains et d'écrivaines qui parlent du métier, la même chose revient inlassablement : écrire un livre, c'est difficile, pour tout le monde. Ça demande du temps, de l'énergie, du courage, de la volonté et même des sacrifices.

Alors comment faisons-nous, nous qui réussissons, à écrire un livre jusqu'au bout ? On fait avec et malgré tout.

Passer outre

Je dis bien *passer outre* parce qu'on ne supprime pas les doutes. Ce n'est d'ailleurs pas sain.

Pour y arriver, vous avez deux possibilités : changer vos pensées pour, ensuite, agir ou agir malgré la peur.

Il est important de noter que changer le contexte (s'ensevelir sous les commentaires en tous genres, corriger en boucle, s'exercer à n'en plus finir, suivre quantité de formations et de masterclass...) n'y changera rien si vous ne changez pas votre état d'esprit d'abord. En outre, le temps

____

de compétente et parce que j'ai peur de passer pour un Calimero. Mais je suis toujours honnête dans mes articles, mes infolettres et mes livres.

non plus ne calmera pas vos doutes. Au contraire, puisque s'enfoncer dans l'immobilisme *en attendant que ça passe* ne fera que renforcer votre sentiment d'échec, vos doutes et vos peurs.

Changer ses pensées

La première méthode consiste donc à se raisonner pour lever ses doutes. Le doute est une émotion associée à des pensées qui sont, le plus souvent, de fausses croyances. Pour lever un doute, il faut modifier ces pensées.

La première chose qu'il faut se dire, c'est qu'éprouver des doutes par rapport à son roman ou à son écriture n'indique pas qu'il y a un problème. Les doutes ne sont pas des *validateurs de médiocrité*. Ce ne sont que des alertes de notre cerveau pour nous dire que quelque chose va arriver/ changer. Commencez donc par l'accepter et considérez-les comme un conseiller.

Ensuite, interrogez-vous (et soyez honnête avec vous-mêmes en répondant à ces questions) :

À quel sujet doutez-vous ?

- Comment pouvez-vous lever ce ou ces doutes ? Quelles actions pouvez-vous entreprendre ? (demander des avis, vous exercer davantage, discuter avec des proches ou d'autres écrivain-e-s...)

- Puis-je faire mieux que ce que j'ai fait ?

- Avez-vous donné le meilleur de vous-même ?

- Quelle est la pire chose qui puisse se passer si vous échouez ?

Répondez à ces questions par écrit. Il y a de fortes chances que vous vous rendiez compte que vous vous êtes monté la tête pour pas grand-chose.

Concernant les actions à entreprendre pour dépasser vos doutes, ne vous fixez pas de buts impossibles à atteindre et ne vous en ajoutez pas chaque fois que vous en complétez un. Cela va de soi.

Si vous demandez des avis, choisissez judicieusement les personnes à qui vous les demanderez : assurez-vous qu'elles vous liront, qu'elles vous feront des retours et, surtout, ayez confiance dans la qualité de leurs retours. Ça ne sert à rien de demander des avis si vous les remettez en doute constamment.

Il faut également que vous sachiez que la réalité est toujours moins difficile que ce que l'on imagine. Et même si le pire se produit, il y aura toujours des personnes ou des solutions auxquelles vous n'aurez pas pensé qui se présenteront pour vous aider.

Agir malgré la peur

La seconde méthode, que j'aime appeler la technique du sparadrap, consiste à agir malgré la peur et malgré les doutes. En somme : on tape d'abord, on pose les questions après. Exactement comme lorsque l'on était enfant et que votre père/mère ne comptait que jusqu'à deux avant d'arracher le sparadrap d'un coup sec.

C'est la méthode que j'applique. Étant donné que je suis anxieuse, il m'est impossible de me raisonner quand j'éprouve de la peur ou de l'angoisse. La seule manière pour moi d'avancer (quel que soit le domaine), c'est d'avancer. C'est difficile et éprouvant parce qu'on avance la peur au ventre avec la sensation permanente d'être à contre-courant.

Il m'est arrivé à plusieurs reprises, surtout pendant l'écriture de mon premier roman, de me retrouver en larmes le soir parce que je trouvais que ce que j'écrivais était nul[16]. Que je devais avoir honte de vouloir montrer mes écrits au monde parce qu'ils ne valaient rien. Que je n'y arriverai jamais, etc. C'était terrible.

Ce qui me permet de continuer (outre le soutien inconditionnel de mon mari), c'est le but que je me suis fixé à huit ans : devenir écrivaine à temps plein. C'est mon phare dans la nuit. Quand je pense que je pourrais échouer à réaliser ce rêve, j'ai davantage peur que de rater un livre.

Il est donc important que vous clarifiiez votre objectif d'écrire afin de savoir où vous voulez aller, d'avoir vous aussi votre phare dans la nuit. Comme on dit : *Le cap est plus important que la vitesse. Certain-e-s vont très vite nulle part.*

---

16. Je n'exagère pas, j'en ai vraiment pleuré et même fait des cauchemars.

S'entourer d'un nombre restreint[17] de personnes bienveillantes qui pourront vous rassurer et vous encourager pendant vos périodes de doutes est primordial également.

____

17. Je précise restreint parce que, lorsqu'il y a trop d'avis différents, on finit par ne plus savoir où donner de la tête ni qui croire. Avoir autant de sons de cloches différents ne fera qu'empirer vos doutes et vos peurs.

Les autres blocages

Outre la page blanche et le complexe de l'imposteur, il existe plusieurs autres formes de blocage.

Qu'est-ce qu'un blocage ?

Je crois que chacun a plus ou moins sa propre définition du blocage, alors pour être sûre et certaine que nous parlions toutes et tous de la même chose, je voudrais vous donner ma définition.

Pour moi, un blocage ce n'est pas nécessairement l'incapacité complète d'écrire, mais plutôt l'incapacité d'écrire avec facilité et plaisir.

Il y a blocage quand l'écriture devient une sorte de combat contre soi-même, quand on a l'impression de se forcer pour pouvoir sortir les mots, et, surtout, quand on n'éprouve plus aucun plaisir à écrire.

De la même manière, on peut éprouver un blocage pour l'écriture de fiction, mais pas pour celle de non-fiction, et inversement.

Les différents blocages

Lorsque l'on pense à un écrivain qui ne parvient plus à écrire, on pense, le plus souvent, à la page blanche (ou leucosélophobie). C'est probablement le blocage le plus connu, mais peut-être pas le plus courant.

En réalité, il existe d'autres blocages :

L'angoisse de la page moche[18]

Il s'agit de la peur d'écrire de la merde. C'est cette impression que ce que l'on a écrit ne ressemble à rien, que l'on a l'impression que les mots sont creux et que le style est bancal, bref que ce que l'on écrit ne ressemble à rien.

La peur de la fin

Je ne m'étalerai pas dessus, puisque j'en ai déjà parlé dans le chapitre Les sept obstacles qui vous en empêchent.

Il arrive que, lorsque l'on arrive à la fin d'un roman, on soit pris-e d'une sorte de peur qui nous empêche de finir notre

---

18. J'ai repris la dénomination de ce blocage à Pierrick Messien du blog *Le Souffle numérique* qui a écrit tout un article sur le sujet : *L'angoisse de la page moche* (je vous le partage, mais je ne suis pas du tout d'accord avec sa vision de la page blanche) ; https://lesoufflenumerique.com/2017/12/26/langoisse-de-la-page-moche/

roman. Cette peur peut être due au fait qu'on ne veuille pas lâcher nos personnages et/ou notre univers, qu'on a peur de ce qui va suivre (la relecture, les retours des bêta-lecteurs, les corrections, le parcours du combattant pour trouver un éditeur...) ou tout simplement, la peur de se dire qu'une fois ce livre-ci terminé, il faudra recommencer à zéro avec un nouveau.

La charge cognitive trop importante

C'est, en gros, l'ensemble des tâches, pas seulement celles liées à l'écriture, que l'on doit accomplir – pour le travail, la famille, notre association... – et qui occupe nos pensées en permanence. Plus cette charge est importante et désorganisée, plus elle nous empêche de nous concentrer.

Les préoccupations

Lorsque notre quotidien devient une source de tracas plus ou moins importante, plus ou moins grave, notre esprit est accaparé par ces problèmes et nous n'arrivons plus à nous concentrer correctement, à produire un travail digne de ce nom.

Le ras-le-bol

Cela vous fera peut-être sourire ou vous rendra peut-être perplexe, mais oui, il arrive qu'on en ait marre, et ce, même si l'écriture est notre passion. Quand on parvient à en faire son travail, il arrive, comme dans tout travail, d'avoir envie, voire besoin, de vacances.

La pression

Il peut arriver que certaines personnes vivent l'intérêt des autres pour leurs écrits comme une pression stressante, surtout si on est en plein blocage. Parfois aussi, certaines personnes présentent un intérêt presque oppressant pour votre écriture et d'autres vous pressent de terminer vos écrits (ça peut être un éditeur, des fans, votre famille...).

La pression peut aussi être tout autre : on peut essayer de vous forcer à arrêter d'écrire. À partir de ce moment-là, l'écriture devient une sorte de lutte contre le courant.

Et n'oublions pas la pression sociale qui pèse sur tous les créateurs et créatrices en règle générale. Il n'est pas toujours facile d'être écrivain-e et de l'assumer au grand jour, surtout quand on n'a pas de soutien de la part de ses proches ou qu'il faut faire face aux préjugés.

La peur de décevoir

On peut avoir peur de décevoir sa famille, ses amis, son éditeur, ses fans, mais on peut aussi se décevoir soi-même. La peur de la déception (ou de l'échec) est peut-être la pire parce que c'est la plus pernicieuse, de mon point de vue en tout cas. C'est celle qu'on ne peut pas écarter par le repos ou le raisonnement (parce que la personne qui en est sujette va la nourrir en boucle avec des *oui, mais, et si... ?*).

L'environnement physique

Parce qu'il est plus facile d'écrire en étant assis-e à son bureau qu'en faisant du parapente...

Les écrivain-e-s sont souvent attaché-e-s à leurs rituels et à leurs habitudes. Changer d'environnement (comme partir en vacances, déménager ou changer notre horaire d'écriture) peut être une source de blocage parce qu'on n'arrive pas à recréer notre bulle.

Il est clair que cette liste n'est sûrement pas exhaustive et qu'il existe probablement d'autres types de blocage, mais ce sont ceux que j'ai réussi à identifier.

10 conseils pour surmonter ces blocages

Maintenant, place aux conseils pour passer outre et réussir à écrire ! Parce que c'est tout de même pour ça que vous lisez ce guide, non ?

1. Reconnaître qu'on a un blocage

C'est peut-être l'étape la plus difficile : **admettre qu'on a un problème**.

C'est assez fréquent de nier, volontairement ou pas, que l'on arrive plus à écrire, d'une part à cause des fameuses pressions qui arrivent de tous les côtés et, d'autre part, à cause de la honte que l'on pourrait éprouver. Le temps que l'on mettra pour comprendre que l'on est bloqué-e est variable : certain-e-s mettent des années, d'autres quelques heures. Toutefois, une fois qu'on le reconnaît et qu'on l'accepte, on a déjà résolu une grosse partie du problème.

2. Identifier l'origine du blocage

Comme on vient de le voir, il existe de tant de facteurs qui peuvent nous empêcher d'écrire que les identifier n'est pas toujours chose aisée.

Pour y parvenir, j'analyse mes symptômes, mon roman et mon environnement. Je pourrais vous résumer ça en quelques questions :

- Quand je me mets à mon clavier, ai-je envie d'écrire ?

- Que m'arrive-t-il quand je me mets à écrire ?

- Quelles sont mes émotions à ce moment ?

- Ai-je une idée plus ou moins claire de ce que je veux écrire ?

- Ai-je encore la foi en mon roman ?

- Est-ce que je parviens à me concentrer correctement ? À faire abstraction du reste de ma vie pendant l'écriture ?

- Suis-je dans un environnement qui me convient ? (En termes de position, de bruit, de calme, de sérénité, de confort, de capacité de concentration...)

- Ai-je suivi tous mes rituels ? (C'est bien connu que pour parvenir à se connecter à son roman, il faut se déconnecter de son environnement)

- Comment s'est passée l'écriture ?

- Comment va ma vie en ce moment ?

- Suis-je préoccupée ?

En général, en répondant à ces questions, j'arrive à savoir si je suis en plein blocage ou pas (parce que parfois c'est juste un coup de mou), mais aussi à identifier l'origine de ce blocage.

3. Faire une pause

Quand on est en plein dans un blocage, en général, ça ne sert à rien de persévérer. Mieux vaut faire une pause et s'aérer l'esprit.

Ça peut aussi être l'occasion de régler les problèmes qui préoccupant ou les tâches qui remplissent sa charge cognitive.

Faire une pause, sans culpabilité et sans s'occuper du qu'en-dira-t-on, c'est reculer pour mieux sauter.

4. Lire

Eh oui ! Lire est souvent une grande source de motivation et d'inspiration, mais aussi de divertissement.

Lire permet de s'aérer l'esprit et de s'évader, de penser à autre chose. Mais aussi de se reconnecter à l'écriture : pour moi, lire me rappelle à quel point j'aime, moi aussi, raconter des histoires.

Attention toutefois à ne pas tomber dans l'autre travers de la lecture, celui de la comparaison qui nous démotive parce qu'on se dit qu'on n'écrira jamais aussi bien. Dans ce cas, soit lisez un livre que vous détestez ou qui n'est pas du tout dans le genre que vous écrivez, soit laissez tomber la lecture et visionnez une bonne série.

5. Écrire autre chose

Ma mère m'a toujours dit : « Un travail repose d'un autre travail. »

Aussi, quand vous avez un blocage, il peut être bénéfique de laisser votre roman de côté pour écrire autre chose, de préférence quelque chose de court et de différent (comme une nouvelle ou un article).

6. Glander

« Aucune femme d'écrivain ne comprendra jamais que son mari travaille quand il regarde par la fenêtre. »

J'aime beaucoup cette citation de Burton Rascoe parce qu'elle illustre parfaitement le besoin des écrvain-e-s de laisser vagabonder leur esprit.

Laisser vagabonder son esprit, sans retenue ni contrainte, permet d'enchaîner les pensées jusqu'à avoir une idée qui peut être l'Idée. C'est le genre de chose que l'on peut faire dès qu'on est seul-e : sous la douche, en se brossant les dents, dans un bain, en crochetant/tricotant dans son canapé, dans les transports en commun...

Quand on souffre d'un manque d'inspiration ou de motivation, c'est le meilleur moyen de se reconnecter à son roman, d'avoir beaucoup de nouvelles idées et de retrouver l'envie d'écrire.

7. Changer ses habitudes

Parfois, changer de cadre ne peut être que bénéfique. Il ne s'agit pas de déménager ou de changer de pays, mais parfois juste de changer de pièce ou modifier l'orientation de votre bureau pour regarder un autre décor peut être salutaire pour votre inspiration et/ou votre concentration. Aller écrire dans un café peut aussi être une bonne idée.

Vous pouvez aussi changer vos horaires d'écriture, la boisson, les grignotages, la musique, le support d'écriture (passer de l'ordinateur au papier ou vice versa), etc.

8. Faire le point

Il arrive que l'on soit bloqué-e parce qu'on ne sait plus où on en est : le roman a dévié du plan, on ne se rappelle plus vraiment le plan, on a eu de nouvelles idées…

Dans ces cas-là, prendre le temps de faire le point sur les personnages, l'avancée de l'intrigue, l'univers, etc. est le meilleur moyen de se remettre sur les rails de notre imaginaire et de repartir du bon pied.

Ranger ses notes peut également être un excellent moyen de clarifier les choses : faire du tri et du rangement, c'est aussi bon pour les armoires que pour l'esprit et les disques durs !

9. Se confronter aux autres

Parler à d'autres personnes d'un problème qui nous touche est une manière de le rendre réel (*v. le premier conseil*), mais aussi une manière de s'aider soi-même.

Exposer les choses tout haut (ou par écrit) à quelqu'un d'autre nous force à poser des mots sur le problème et donc à le rendre plus net. Quand on garde tout pour soi, le problème est comme une grosse pelote de nœuds dont on a du mal à estimer l'importance. Dès qu'on le présente à d'autres, on est obligé-e de démêler cette pelote et c'est là, bien souvent, qu'on se rend compte que le problème n'est pas si insurmontable que ça.

Dans le cas d'un blocage dû à la peur de décevoir, confronter ses écrits à des alpha ou des bêta-lecteurs peut aussi être une solution rassurante à condition que ces personnes soient bienveillantes et honnêtes avec vous. Il ne s'agit pas de présenter votre texte à une personne qui va l'encenser ou le démolir sans arguments, mais à quelqu'un qui va relever vos points forts, vos points faibles et, surtout, qui va vous encourager.

10. Écrire

Eh oui ! Il faut bien s'y remettre à un moment. Quand vous sentez que l'envie commence à repointer le bout de son nez, foncez ! Alors, à moins que vous en ayez une envie dévorante, ne commencez pas par une longue session d'écriture, ni même par un challenge d'écriture tel que le NaNoWrimo[19]. Partez plutôt sur quelque chose qui ressemble au défi sablier mis en place par Samantha Bailly[20].

19. Le *NaNoWriMo* ou *National Novel Writing Month* est un challenge d'écriture consistant à écrire un roman de 50 000 mots durant le mois de novembre.

20. Le défi sablier consiste à écrire un temps défini par jour pendant une semaine en augmentant le temps d'écriture tous les jours : on commence lundi avec 10 minutes, mardi 15 minutes, mercredi 20 minutes, jeudi 25 minutes, vendredi 30 minutes,

Conclusion

Écrivez !

J'aurais pu ne résumer ce livre qu'à ce simple impératif et ne vous donner ce que ce seul conseil, car, finalement, il n'y a que ça à faire pour terminer un livre : écrire.

Et parce qu'il n'y a qu'en écrivant que l'on devient écrivain ou écrivaine !

N'attendez pas que votre plume soit parfaite. Nous sommes toutes et tous en apprentissage permanent. Même les plus grands apprennent encore et cela ne les empêche pas de sortir des livres et même de connaitre le succès.

---

samedi 45 minutes et dimanche 1 h. en partant de 10 minutes le lundi pour arriver à 1 h le dimanche. Plus d'information sur le site de Samantha Bailly : http://www.samantha-bailly.com/defi-sablier

Et si le livre que vous êtes en train d'écrire ne sera, finalement, pas aussi bon que vous l'espériez, et bien qu'à cela ne tienne ! Vous en écrirez d'autres !

Personne n'atteint la perfection du premier coup. Il faut persévérer, écrire, corriger et recommencer.

Alors, écrivez !

Vous verrez, c'est moins difficile qu'il n'y paraît.

À PROPOS DE L'AUTRICE

Virginie VINCENT est née en 1987 en Belgique. Ce qui explique la présence des « septante » et des « nonante » dans certains de ses écrits. Cette autrice, blogueuse et conseillère en écriture créative et autoédition, a un parcours atypique : elle a commencé des études en géologie, qu'elle a dû abandonner à cause de problèmes de santé, puis elle s'est lancée dans une formation de webmaster. Elle a ensuite quitté sa Belgique natale pour s'installer juste au sud de la région des châteaux de la Loire où elle a décidé de tout faire pour vivre de sa passion : l'écriture.

D'abord administratrice du blog Monde Fantasy, puis autrice autoéditée avec son premier roman, *Neph et Shéa : La Fuite*, elle est devenue conseillère afin d'aider d'autres écrivains et écrivaines à traverser les embûches de l'écriture et de l'autoédition.

Retrouvez-la sur :

Son blog : https://www.prom-auteur.com
Sa page Facebook : @PromAuteur
Son compte Twitter : @PromAuteur
Son Instagram : @promauteur
Son adresse email : virginie@prom-auteur.com

De la même autrice

Ses guides et carnets :

L'Utilisation des temps de conjugaison en français, autoédition, 2014

Journal de lecture, autoédition, 2017

Écrire une nouvelle en 7 jours, autoédition, 2018

52 semaines d'idées pour vos écrits, autoédition, 2020

L'Autoédition en 101 questions, à paraître

Devenir écrivain, Étape 1 : écrire un livre, à paraître

Sous son nom de plume Aline Wheeler :

La Fuite (Neph et Shéa 1), autoédition, 2017

L'Exode (Neph et Shéa 2), autoédition, 2018

Le Tournoi (Nouvelle), autoédition, 2019

Le Voyage (Neph et Shéa 3), à paraître